もういちど 夢をかなえる ヒント

平凡な毎日が輝き出す！

中山庸子

Yoko Nakayama

創元社

はじめに

「もういちど」の「もう」は……

これまでのあなたの人生や暮らしを振り返れば、仕事や家族のためにたくさんのエネルギーを注いできて、本当にしんどい時も多かったことでしょう。気がつけば「若かった自分は遥か昔になりにけり……」で、ため息のひとつもつきたくなっているかもしれませんね。

そして「もう年だから」や「今さらもう」があなたの口癖になっているとしたら、この本を心よりおススメしたいと思います。

かくいう私も、友人とおしゃべりしているとつい「私なんてもう年だから、朝起きたらもう疲れてるのよー」などと、「もう年だから」が口癖だったのです。

そこで今だからこそ、そのようにネガティブな「もう」を一掃する大作戦に、〈あなたと共に〉打って出たいな！　と考えるようになりました。

そのためには、前向きでポジティブな「もう」の方を、自分の人生や暮らしに取り入れていけばいい。

そして、その代表が「もういちど」だと気づきました。

これは、素晴らしい「もう」です。

私たちは、ともかくここまで何とか頑張って生きてきたわけで、多少ともくたびれているのは事実です。だからと言って、例えば「もうダメ」と口にしたら、体は「えっ、そういうことなんだ」と真に受けて、ますますグッタリしてしまうでしょう。

でも「もういちど」から始めるようにすれば、かつての自分のエネルギーがよみがえってきて、体もどんどんシャンとしてくるはず。

「もういちど」には、過去にトライしたことがある貴重な経験のあれこれがエッセンスとしてたっぷり含まれているからです。

このようにポジティブな「もういちど」なので、私たちがしばらく遠ざかっていた「夢」や「希望」と相性が良いのです。

実は、朝から「もう」疲れを感じていた私が、「もういちど」元気を取り戻せたのは、すっかり大人になった私たちが「もういちど」夢をかなえるための本を書く！　という新しい「夢」ができたためです。

「大人女子の自分革命だ！」と、気合も充分。

それでは、ご一緒に「もういちど夢をかなえる旅」に出発しましょう！

中山庸子

Check Test

夢をかなえるために今あなたに必要な力

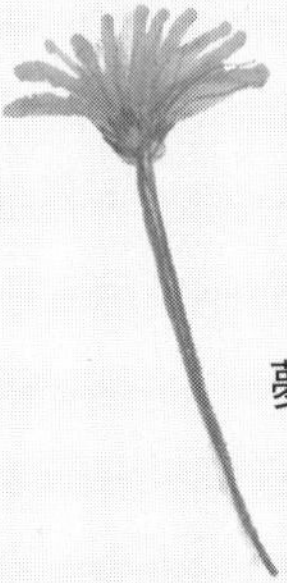

夢をかなえるには、色々な力が必要です。
どの力が足りないかが分かれば、
夢をかなえる道が見つかります。
そこで今のあなたに足りない、
夢をかなえるために必要な力を探っていきましょう。
下のチェックテストで、
当てはまるものにチェックをつけてください。

A	体力・気力の衰えを感じる	
	つい言い訳をしてしまう	
	夢なしで残りの人生を過ごすのは怖い	
	あまり上達を意識していない	
	自分をうまく盛り上げられない	
B	「自分探し」をついしてしまう	
	夢を「強制終了」したことがある	
	いくつかの夢を積み残してきた	
	役割から得意になった経験がある	
	今「好きなこと」がよく分からない	

C	なかなか行動に移せない	
	自分のためにお金が使えない	
	夢のための時間がとれない気がする	
	最近、成功体験がない	
	気づけば勉強らしいことをしていない	
D	落ち込みたくない	
	これまでの生活を否定してしまう	
	つい決めつけたり、型にはめてしまう	
	自分にとっての幸せが曖昧	
	心を奮い立たせることができない	
E	「夢ノート」のことを知らない	
	夢をリストアップしたことがない	
	書いたものを読み返したり、確認する習慣がない	
	本や雑誌から情報収集していない	
	長く続けることが苦手	

〈集計〉 A～Eのチェックの数を数え、それぞれ下の枠に数字を書いてください。

数が多いものが、夢をかなえるために足りない力です。

次のページで確認してください。

A	B	C	D	E

あなたに必要な力はコレ！

夢をかなえるために不足している力が分かれば、
あとはその力を強化していくだけです。
前から順に読み進め、
特に自分の強化しなければいけないstepを、
心して読んでください。

A

自分をじょうずに盛り上げる力

▶step.1 P.29へ

B

無理のない「夢活」をする力

▶step.2 P.47へ

C

夢に向かって行動する力

▶step.3 P.63へ

D

夢活する強い心を持つ力

▶step.4 P.79へ

E

計画的に夢をかなえる力

▶step.5 P.95へ

Contents

もういちど夢をかなえるヒント　平凡な毎日が輝き出す！

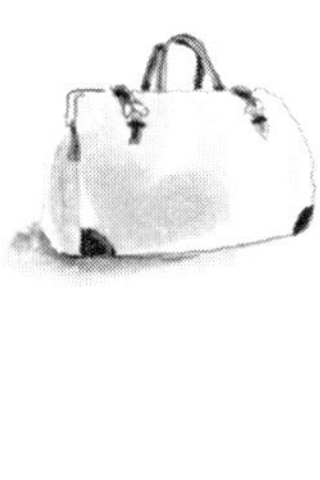

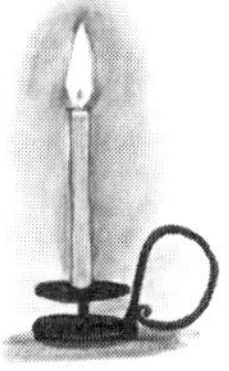

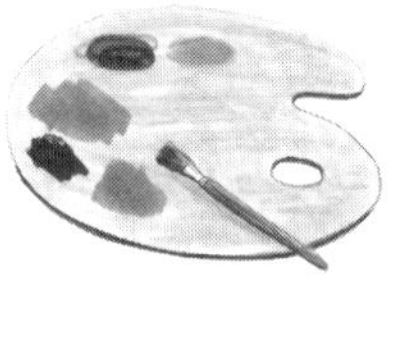

夢ノート

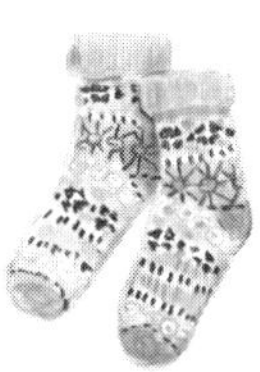

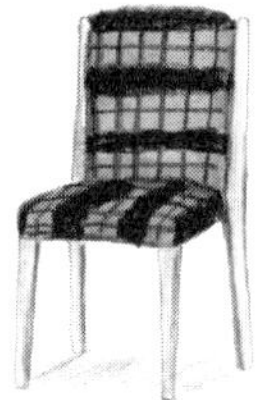

装幀・本文デザイン／中山詳子
イラスト／中山庸子
編集／林　聡子

prologue

何もかも、今から

1 あなたの旬はこれからです！

のっけからナンですが、日本の「若さ信仰」は、ちょっと行きすぎじゃないかと思うことが多々あります。

若いだけでチヤホヤされる風潮があるから、なおさら「加齢はいけない」の空気が濃くなり、年を重ねることに対する呪縛がどんどん強まっているようにも感じるのです。

もちろん、私だって「若々しいですね」と言われたら嬉しいけれど、それは「潑溂《はつらつ》としている」とか「颯爽《さっそう》としている」といったニュアンスに対してであって、四十歳より二十歳の方が価値高しというような「若さ信仰」とは別のものです。

「チヤホヤされるうちが花」といった低次元の価値で自分を測らず、人としてもう少し高みを目指してもいいのではないでしょうか。

もちろん、その高みの内容は人それぞれ異なります。もしみんな同じ高みを目指しているのだとしたら全然面白くないし、かなり息苦しいかな。

そして「自分らしい高み」に向かう旅を始めるとしたら、しんどい思いも経験してそれなりの修行を積んだ四十代あたりから、ようやく「その旅のチケット」が手に入るのだと思います。

また別の見方をすれば、自分の人生において「今日が私の一番若い日」なわけですから、これからも成長できるし「なりたい自分」に変わっていくことも可能なのです。

今日が「もういちど」のスタートに相応しい日であり、今の自分こそ「夢をかなえる」のにピッタリの自分、そう考えるようにしてみましょう。

あなたの本当の旬はこれからやって来るのです。

2 「本当は〇〇したかったのに」の正体は？

もちろん充分に大人な私たちですから、過去の夢の中には「荒唐無稽《こうとうむけい》」としか言えないようなものが、たくさん含まれていたことを知っています。

どう考えても、さすがに幼い頃に描いた「お姫さま」や「宇宙飛行士」になるという夢はムリでしょう。

でも、これまでに抱いた夢をみんな否定してしまうというのは残念。

そこで、ほんのちょっと考え直して欲しいのです。

もし今、あなたがふとした時に虚しさを感じるとしたら、きっと心のどこかに「本当は〇〇したかったのに」という気持ちがくすぶっている証拠です。

そしてその「〇〇」の正体は、あなたが今までに抱いた夢に他なりません。

確かにこのところは、家族や仕事のために気を使い時間も体力も使い「〇〇」の正体である夢について考えるどころではなかったかもしれません。

でも、この先もずーっと「本当は〇〇したかったのに」をそのままにしておく生

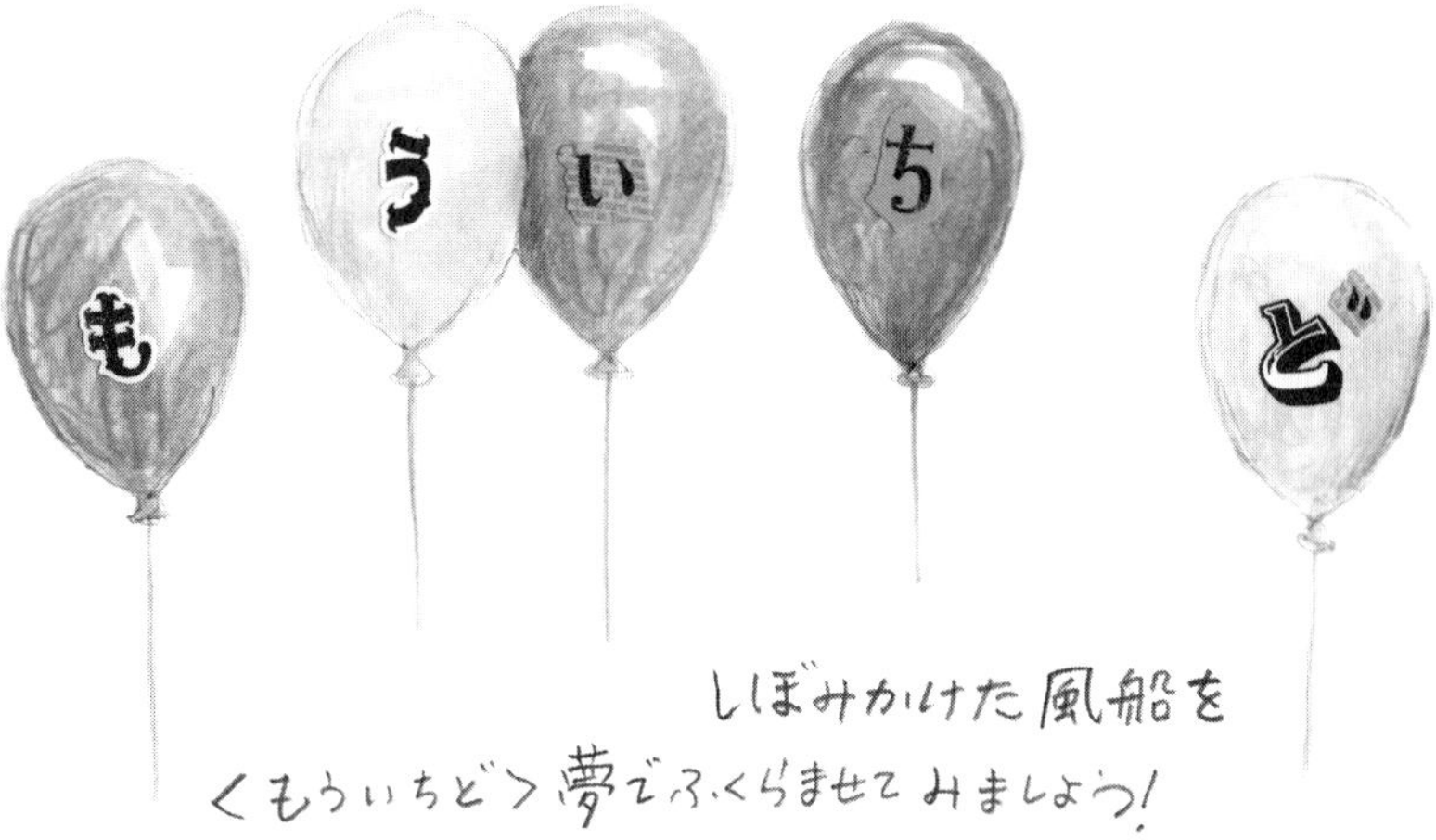
も
う
い
ち
ど
しぼみかけた風船を
〈もういちど〉夢でふくらませてみましょう!

活を続けるのか、もういちど考えてみてください（これもとても重要な「もういちど」です！）。

私自身は、息子がひとり暮らしを始め娘も大学生になった頃、「ようやく一段落」とホッとしたものの、空気の抜けた風船のようになってしまった自分に愕然としたことがありました。

しばらくは空気が抜けたままが続いたけれど、いくつかあった「本当は○○したかったのに」の○○のうちのひとつを思い切ってやってみることにしました。

それは、イタリア旅行に一人で参加すること。

その旅行の顛末《てんまつ》はこの後お話ししたいと思いますが、ともかく「本当は○○したかったのに」をひとつやってみたおかげで、ほぼしぼんでいた風船に、ようやく新たな空気が入り始めたのでした。

3 好きな自分を取り戻すために

私の場合は、イタリア旅行に申し込むという行動が、「虚しさ」から抜け出すきっかけになりました。

それまでは、家族旅行にせよ友人と行くにせよ、旅行と言えば誰かが手続きをしてくれて、私は「それに乗る」だけで済んでいました。

一見そうは見えないらしいのですが、本来出不精で知らない場所に電話して「何かを申しこむ」ことも苦手なのです。それが、NHKテレビのイタリア語講座テキスト巻末にあった小さな広告に目が釘付けになってしまったのでした。

ドキドキしながら電話して、事前説明会に参加しました。当時の私と同世代（四十代から五十代）のひとり参加女性が何人かいて、同じような気持ちなのかな？と親近感を持ちました。

そしてイタリア北部のバッサノ・デル・グラッパという小さな町で、たった二週間の語学留学を経験しました。実は他の参加者は三週間でしたが、私だけは仕事の

当時のノートにスケッチを貼ったページがありました
夢をかなえた嬉しさが伝わってくるようです

都合で中途退学（笑）でした。

他の人たちは最後に簡単な卒業試験があったけれど、中退の私は「ひとりでヴェネツィアまで行き、マルコポーロ空港から日本に帰る」が卒業試験の代わりでした。

たった二週間のそんな経験でしたが、頼りないと思っていた自分自身に「やればやれるじゃない」と言ってあげられるきっかけになりました。

誰かのために頑張る自分も大事だけれど、自分のしたいこともちょっと勇気を出してやってみる。

その行動は「好きな自分を取り戻す」大きな一歩になるのです。

4 ダメ出ししすぎないで暮らす

十年以上前のことですが、ある女性向け月刊誌の企画で教育心理学の先生と対談する機会がありました。

その時に、とても印象に残った先生の言葉がありました。

曰《いわ》く「女性の場合、家事に加え子どもの教育を担う負担が多いせいか、夫や子どもにダメ出しするクセがつきがちです。そして子どもに手がかからなくなると、今度は自分にダメ出しをするようになるんですよ」。

「しょうがない、また××じゃないの」

「まったく、いつも△△なんだから」

「何度言ったら直るの、もう信じられない！」

「ああ、あたしなんかもうダメ……」

あなたはそんなダメ出しの流れ、思い当たりませんか？

私の場合は、ドンピシャでしたね。で、当然その先生に「どうしたらいいんです

カップの形は
ちがっても
好みの飲み物が
ちがっても
楽しいティータイムは
過ごせます

か？」とお聞きしたわけです。

まずは、家族にでも自分にでも「あっ、今ダメ出ししてる」と気づいたら、「ここでストップ！」と心の中で自分に声をかけるようにすること。

これで、とりあえず無意識にしていた（ひんぱんな）ダメ出しに気づきます。すると、言ってしまう前に意識するようになり、ダメ出しの回数は徐々に減ってくるので、家庭の空気もよくなるというわけです。

誰だって、好き好んで怖い妻やうるさい母親になりたいわけではないし、ましてや「自分のことを好きになれない状態」で暮らしたいはずもありません。

「ダメ出ししすぎない暮らしをする」も、ぜひこれからのあなたの夢活動こと「夢活」のひとつに加えてもらえれば、嬉しい限りです。

5 段取り力で「夢活」を！

「本当は○○したかったのに」を実行することや、ダメ出ししすぎない生活を手に入れることなどを、勝手に「夢活動」と名付けました。略して「夢活」。

夢の種類は色々ありますが、ベテラン主婦の私としては、夢活する際に「芋的夢」と「葉的夢」のふたつにザックリ分けております。

例えば、「マイホームを建てたい」という夢なら「芋的夢」。なぜかと言えば芋類は、煮える（かなう）のに、（活動）時間がかかるからです。

そして「プランターでハーブを育てたい」を望んでいるなら文字通り「葉的夢」。葉っぱなら、すぐに火が通って食べられる（ものによっては生でもいけますしね）。

要は、時間や手間がかかる夢もあれば、意外に簡単に手に入る類《たぐ》いの夢もあるということです。

だから調理同様、「夢活」も煮えにくく手がかかるけれど「スケールの大きいもの」から、煮えやすい「ささやかなもの」まで、段取りながらじょうずにゲットしてい

芋的夢も葉的夢も
どちらもおいしく
調理できます!!
Cabbage
Potato

く方法を考えていけばいいのです。

料理に限らず、家事の多くは段取り力にかかっています。

「芋的夢活」だって、すぐにかなわなくても、下準備してコトコト煮ていけば必ずいい感じに味がしみこみおいしく仕上がります。

また料理経験者ならよくお分かりでしょうが、そのコトコト煮ものの間に別の料理（葉的夢活）をちゃっちゃっといくつか仕上げてしまうことも可能なんです。

これからは、段取ることも楽しみながら「夢活」していきましょう。

多分、もう「虚しい……」なんて感じているヒマもないほど、意欲が湧いてくるはず。何もかも、これから！　それを実感できるでしょう。

6 夢を咲かせる土を耕そう

小学生の時に、土とは岩が光や熱を受け風雨にさらされて砂になり、やがて枯れた植物などによって粘土質になったもの……というように習った記憶があります。そして、多くの植物（や動物）を繰り返し育み今に至るわけです。

私が「夢」というものについて考える時、どうしても頭に思い浮かぶのが、この土なのです。

まだかなっていない夢とは、何かにたとえるとしたら、それは「夢の種」。そして、それを蒔くところは「自分という土」なんじゃないか、そう思ってきました。

そして、今の私たちはもしかするとカチカチになってひび割れた土のような状態なのかもしれないと、感じます。

ここで、もういちど硬くなってしまった「自分という土」を耕して、夢が育ちやすい状態を作れたらな、とも思っています。

まず「もう年だから」「今さら遅いし」といった石を取り除きましょう。

夢の種は
どこかの店で
買わなくても
自分で
つくることが
可能なんです
seeds
Dream

若い人のアドバイスを取り入れたり、イキイキしている友人の意見を素直に聞いたり、「本当は○○したかった」の○○の案内書を取り寄せたりしてみましょう。

これで、だいぶ土のひび割れは解消です。

あとは、素直になれたり一歩踏み出せたりした自分にプチご褒美を。

そんな風に水やりをしてあげれば、自分自身の「夢の種」が育ちやすい「いい土」になったと実感できるはずです。

素敵な夢を咲かせるために、自分という土をもういちど耕し、たっぷり水やりしてあげてください。

column

おススメ本・その1

このコーナーではぜひおススメしたい本を紹介し、「もういちど夢をかなえる」ための羅針盤にしてもらいたいと思っています。

１冊目の『私の部屋のポプリ』は1976年初版、当時は婦人生活社が発行元でした。長く読み継がれたこの名エッセイ集、ファンの要望もあり2006年に河出書房新社から復刻されました。

もともとは『私の部屋』という雑誌に連載されたもので、私はその当時から愛読していたのですが、１冊の本にまとまった嬉しさは格別でした。

その上、初版本には著者直筆のメッセージが！　私の手元にある本には「風になってりんごの花をゆすぶりたい」というブルーの文字が今も褪せることなく記されているのです。

この本を手にしたことによって、私の夢の扉が開き始めた！　そう言っても過言ではありません。

私は、ひとつの決心をしました。それは「文中に登場する本を全部読んでみよう！」ということでした。冒頭に登場する『赤毛のアン』シリーズはほとんど読んでいましたが、１巻からすべて読み直しました。片山廣子《かたやまひろこ》さん、深尾須磨子《ふかおすまこ》さん、城夏子《じょうなつこ》さん……といった素敵な作家との出会いも果たしたのです。

そして、最も大きな出会いが121ページにありました。

タイトルは『信念をつらぬく』。そのお話は、次のコラム「おススメ本・その２」でいたしましょう。

『私の部屋のポプリ』
熊井明子著／河出書房新社

step.1

自分をじょうずに盛り上げていく

1 体力・気力の衰えを感じたら

「衰え」という字に、つい反応してしまう（笑）この頃。当然のように、サプリメントや健康食品のＣＭ、病気に関する番組などにも反応しがちです。

とは言え、結局のところテレビの前でゴロゴロしながらこういう番組を見ているだけでは何も変わらないし、かえって情報が錯綜して「どれが正しいのか分かりませーん」で何もせず、だったりするわけです。

それより、まずは自分にとって実感が伴っているヘルシーな生活習慣を続けることが大切だと思います。

例えば、私の場合は体力面では、三十年近く続けてきたテニスが「ひとつのものさし」になっています。以前なら一日六試合くらい平気、翌日また誘われても全然オッケー！　という感じでした。

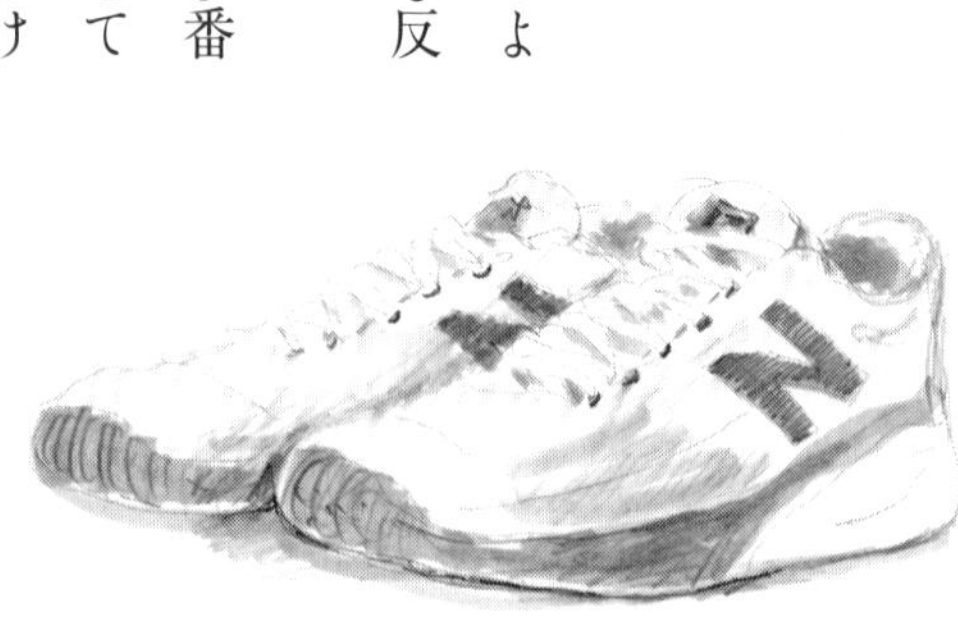

それが今は、試合数は三（か四）、次のテニスまで二日以上インターバルを取るようにしています。

昔は、もっとじょうずになりたいし、もっと勝ちたい！　の「もっともっと」人間だったけれど、今は、一回一回のテニスを自分なりに楽しんで、この先もできる限り継続したい！　が「夢」になっているからです。

同じテニスクラブの先輩たちは、無理しすぎず自分のできる範囲でじょうずにゲームを組み立てています。運動後のケアもしっかりやっている様子。

これが、これからの私が目指す「賢いテニス」なんです。

気力面でも、やはり人生の先輩たちの「自分でできる範囲で無理なくやろう！」という余裕に触れることが大いに役立っています。

画面よりじかに学べる「血の通った」授業が大切、ということでしょうか。

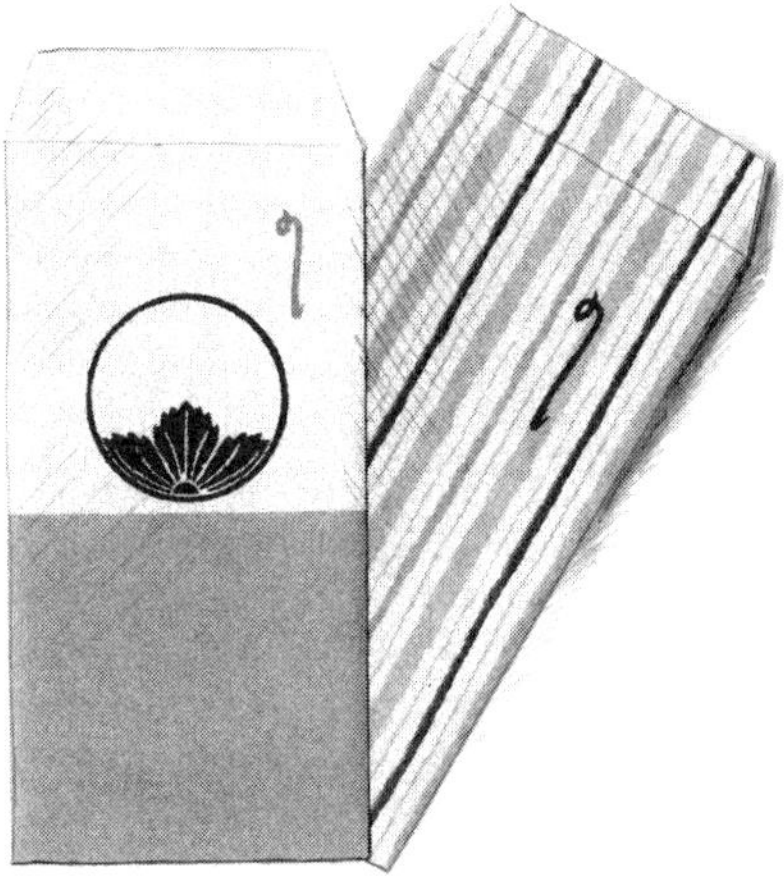

お財布にポチ袋を入れておくのも
先輩から学びました

2 葉的夢で虚しさに勝つ

仕事や家族のために忙しく働いている日は、確かに疲れるけれど「あー、ようやく休めて嬉しい」というご褒美が付いてきます。

一方、このような忙しい日が続いていた人ほど「家族も出払っていて、別に予定もない」というような凪《なぎ》状態に対しては免疫がないので、一日の過ごし方に迷いやとまどいが出がちです。

例えば、自分のためだけの食事の用意は億劫だし、何かまとまったことをしようとしても、もうひとつパワー不足。二時間ドラマの再放送で、崖に犯人を追い詰める画面を見るともなく眺めているうち、周りの空気が翳《かげ》ってきます。

あっこれ、完全にしばらく前の私のことでした。

ついでにもう少し告白すれば、うちの近辺では午後五時になると少々哀愁のある「夕焼け小焼け」のメロディーが流れてきて、今日もとりとめもなく過ぎちゃったなぁ……と虚しくなり、何か甘いものをつまむ。で、またまた自分にダメ出しが始

目に見える
〈きちんと感〉で
気持ちが
晴れてきます
PAPAS+

まるのでした。

【虚しくなる↓甘いもの】

この短絡的な構図を何とかせにゃならん！

このところ体重計に乗るのが怖くなっていた私は、ひとつの決心をしました。

【虚しくなる↓葉的夢を思い出す】

芋的な方はそう簡単ではないので、葉的夢の中からその時にできそうなことをやってみることにしたのです。

例えば、☆爪をコーラルピンクにする。というごく小さな葉的夢を実行。

すると、マニキュアが乾くまでソファーで大好きな曲を聴く↓きれいになった手でいい香りのする洗濯物を畳む↓なんだか嬉しい。

そこには、完全に虚しさに勝った自分がいるのです。

3 言い訳しているヒマはありません！

誰にも平等に与えられている「一日二十四時間」ですが、本当に人によって使い方が違うものだと実感する時があります。

ある知り合い女性は、本当に時間の使い方がじょうずです。実家の商店を手伝っているので、朝から忙しいし神経を使う場面も多いはずです。加えて、家事もサクサクとこなしているようだし、頼まれごとも気軽に引き受けている様子です。なのにちっともイライラしたり、せっかちに見えないのはどうしてだろう。

そう思って彼女に聞いてみると「すべての人に理解してもらうなんてムリだから、言い訳するヒマがあったら、お皿の一枚でもコップの一個でも磨いちゃう」。

なーるほど！　きっと色々とシビアな体験もして、彼女なりに体得したことが「言い訳するより前に進む」だったのでしょうね。

一方で、さっきお茶して別れたばかりなのに「あの時の話はそういう意味じゃな

くて。あとその話はAさんにはして欲しくないんだけど。あっ別に内緒ってほどじゃなくて」みたいな電話をかけてくる人もいます。

こっちの彼女も、かつて誤解されて何かの辛い体験から「言い訳の多い人」になってしまったのだと推察するわけです。が、私は「言い訳しないで、コップを磨く人」の方を推したいし、見習いたいと思っているのです。

誰にも平等な一日二十四時間ですが、あれこれ煩雑な用事をこなしつつ、自分としていったいどう「夢活」していったらいいのだろうか……。

それを考える際に、少なくともその時間内に、○○ができないという言い訳をしているヒマだけは含まれていないことを肝に銘じておきたいと思います。

4 夢がないとしたら人生は長すぎる

ふたりの知り合い女性のお話をしたところで、少し別の観点からそのふたりについて考えてみることにしました。

言い訳しない方の彼女は「夢活」している女性です。今は実家のお手伝いをしていますが、いずれは自分で小さなカフェを開きたいと思っているとのこと。なので、手伝いの収入はもちろん「夢活」になっているし、接客や仕入れ、商品の扱いといったことがすべて実地勉強になっているようです。

言い訳する方の彼女とは、そういえば「夢活」系の話をしたことは、ほとんどなかったかもしれません。

情報通で噂話が好き、ちょっとお茶しながら気軽に話している分には、面白くていい人ですが、後になると妙に疲れが残っている自分に気づきます。

多分、彼女は退屈しているのでしょう。

だから、スイーツバイキングおススメ情報の後に、（ちょっと矛盾する）新しい

カップケーキ名人が
たどりついた夢の形は……

ダイエット法の話になったり、その流れで「そういえば、Bさん最近やせたけれどダイエットかしら、それとも病気？」なんていう話題になっていくわけです。

私自身、「そういう話には、全く興味がなし！」と言い切るつもりはないけれど、噂になったBさんのことよりも、彼女自身の方に少なからず興味を持ってしまうのでした。

やはり、彼女は退屈しているのです。

私自身、プロローグにも書いたように「すっかり大人になった私たちが『もういちど』夢をかなえるための本を書く！」という新しい「夢」のおかげで、元気を取り戻すことができました。

まるで夢がないとしたら、これからの人生、ちょっと長すぎるのではないでしょうか。

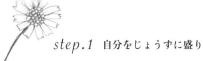

5 「芋的夢」と「葉的夢」どちらも大事

夢がないとしたら、これからの人生、ちょっと長すぎる。

加えてその夢の中に「芋的夢」と「葉的夢」の両方があれば、より人生は彩り豊かなものになるでしょう。

つい先日、退屈している（方の）彼女とゆっくり話をする機会がありました。情報通の彼女なので、最初はいつものようにグルメ話を聞いていたのですが、知り合いの噂話になる前に、こちらからちょっと質問をしてみたのです。

それは「今、すごくやってみたいことってある？」でした。

いつもは饒舌《じょうぜつ》な彼女が、珍しく口ごもって「ないことはないけれど、ちょっと言うのは恥ずかしいかも……」。

それでつい、私の持論の「芋的夢」と「葉的夢」の話をしてしまったのですが、彼女の反応は意外なものでした。

「もう私なんて、子どもの将来とかならともかく、自分の夢とか考えちゃいけないのかと思ってた。今、話を聞いて『芋的夢』がまだ鍋に入れたままだったことに気づいた」と。

結局、その時には彼女の「芋的夢」が何なのかは教えてもらえなかったし、私も無理やり聞き出すつもりもありませんでした。

でも別れ際「今日はすごく楽しかったし、心の霧が晴れたような感じ。早速『葉的夢』の方から取り掛かってみる。手始めに、ホームセンターに寄ってから帰ることにするわね」。

今度会う時には、彼女の「芋的夢」のヒントや、かなった「葉的夢」の話を聞けるかもしれません。楽しみです！

来週まで
待たないで
明日から
「葉的夢」に
チャレンジ

6 目指すのは、イキイキ向上系

コラムでご紹介した一冊目の本『私の部屋のポプリ』では、素敵な作家たちの作品と出会うことができました。

それだけでなく熊井明子《くまいあきこ》さんの友人や知り合いにも素晴らしい人たちが大勢いて、その方々のエピソードにも大いに励まされたものでした。

特に印象に残ったのは、34ページに出てくる「踵《かかと》に翼があるみたいに、かろやかに美しく歩くひと」のこんな言葉です。

「心が悩みでいっぱいの時は身体を動かせって言うでしょ。お洗濯を山ほどしたり、ガラスや床をピカピカに磨くとはればれしちゃうとか。（中略）私の場合は、歩くことが〝メランコリイの妙薬〟なの。ただ歩くんじゃなくて、ファッション・ショーの舞台を進むモデルのつもりになったり、アカデミー賞を受けとるため舞台を歩くスターのつもりになったり。（後略）」

うーん、やっぱりこのくだり好きです。

自分の中の
メランコリイも
一緒に
洗い流して
太陽を浴びて

たった今ここを読み返しているだけで、背筋をシャンと伸ばして前を向きたくなります。

そして私も「今から楽しい場所に出かけるようなイキイキした自分」のイメージで歩いてみよう！　と思うのでした。

これからの私たちが目指したいのは、このようなイキイキ向上系の自分なのではないでしょうか。

もちろん、ここに登場している彼女だって悩みや苦労がないはずもなく、メランコリイを抱えているわけです。だからこそ、この言葉には説得力がある。

もういちど、夢をかなえる私たちにとって、歯をくいしばって頑張る向上系とは一味違う、踵に翼があるみたいなイキイキ向上系、とっても素敵だし似合うのではないかと思います。

7 上達を意識して動くと「夢活」になる

どんなに小さな石でも、水面に投げ入れれば波紋が生じます。

それと同じように、どんなに小さくても行動にうつせば何かが変わってきます。

ただし、ひとつだけ前提があります。それは「上達」を意識するということなんです。

例えば、普段から私たちは、呼吸をしています。無意識な状態であっても、息を吸い吐くを繰り返しているわけです。ちょっと大げさな言い方になりますが、生命維持に欠かせない活動です。

また私たちは、深呼吸をすることがあります。こちらは、単に普段より息を深く呼吸するだけでなく、意識してゆっくりとした正しい動作で深く吸ったり吐いたりを繰り返すわけです。ラジオ体操の最初や仕上げに必ず行うくらいですから、身体にとって大切なエクササイズとも言えるでしょう。

さて、ここでもういちど、石のところに戻ってみます。

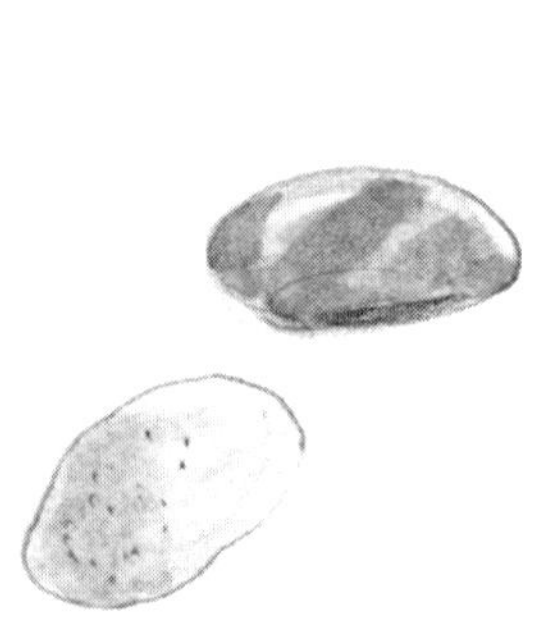

水面に対して浅い角度で小石を投げ、石を連続ジャンプさせる遊びを知っていますか？水切り、石切りなどと呼ばれているものです。私が子どもの頃、これがじょうずで何回も石を水面でジャンプさせられる子はとても憧れられたものでした。

このように「呼吸する」や「石を投げる」といったシンプルな行動でさえ、上達や向上が見込まれるのです。

というより、私たちは「動く以上はうまくなりたい」と願う存在なのだと思います。それだから、スポーツはこんなに発達し、科学や芸術もしかりなのでしょう。

私たちも、ほんの少し上達を意識して動くことで「夢活」につながっていく、そう考えると何だかワクワクしてきませんか？

誰かとの比較でなく
自分の上達を楽しめば
いくつになっても
ワクワクできる！

8 自分をじょうずに盛り上げよう

step.1も、そろそろしめくくりにやって来ました。

様々な提案や意見を述べさせてもらったのですが、要は自分が一日一日リフレッシュして楽しんで暮らすための工夫をしていこう！　そのために「夢活」は、とても有効！　そういうことなんです。

もちろん、普通に過ごしただけだったな、と思う日も多々あります。

でも、よーく振り返ってみると「普通に大過ない一日」の中にだって、ドラマはあったはずだし、自分のナイスプレーや大人の対応や気配りが役立ったのかもしれません。

ところが、そういうナイスプレーは（私の経験上からしても）たいていさり気ないので、一見目立ちません。

家族も、当たり前だと思っているのか、ねぎらいや感謝もいただけません。こっちも私自身、経験済みです。

だからこそ、自分の旬はこれからだと考え、「夢活する」を心に掲げ、自分をじょうずに盛り上げてあげるのです。

自分へのご褒美も、ドカン！ と大きなものでなくていいから、ちょくちょく差し上げることにして、ちょくちょくいい気分になりましょう。

ちなみに、私の場合は近所の花屋さんの店頭にある「キッチンブーケ」の中からその日の気分に合った一束を買って、自分へのご褒美にします。

ガラスケースに入っている花たちで作った花束なら、それは豪華でしょうが、そう何度も自分にあげられない。けれど、これなら「週いち」くらいはプレゼントできます。

白いマグカップに入れてキッチンの窓辺に置けば、ちょっと憂鬱《ゆううつ》だった本日の食器洗いも軽くこなせそうです。

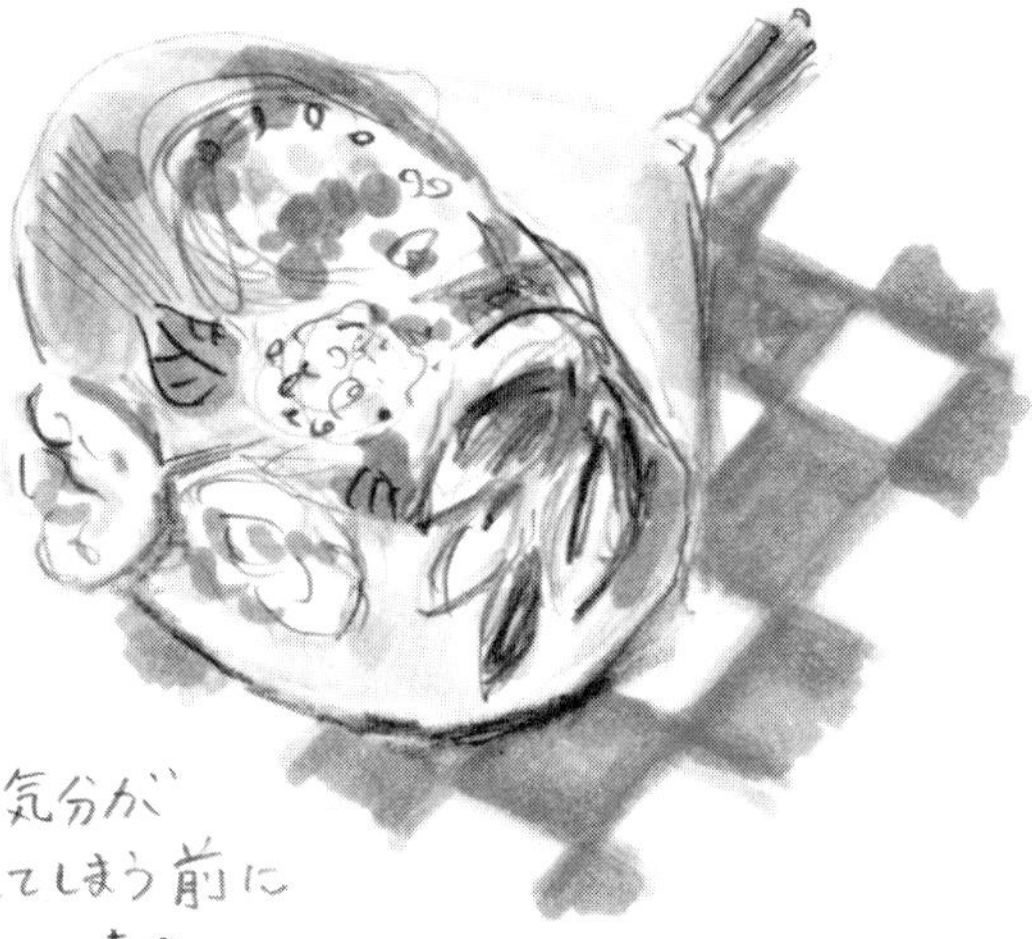
自分の気分が
枯れてしまう前に
小さな一束を
プレゼント

column

おススメ本・その2

私が出会った『信念をつらぬく』は、現在は『私はやる』と改題され、当時と同じ創元社が発行。そして今書いている、この『もういちど夢をかなえるヒント』も、創元社から初めて出版される私の本なので、ようやく大きな「芋的夢」がかなったなぁとしみじみ嬉しさを噛みしめているところなのです。

この本は、夢をかなえるコツ満載なのですが、特にふたつの考え方が、私の人生に大きな変化をもたらしました。ひとつめは、第１章のタイトルでもある「成功は旅である」という考え方です。「成功は到着地ではない。それは旅なのだ」。そして、旅はいつから始まるのか……、についても著者はこう述べています。「もしあなたが、たとえばハワイへの船旅をするとしたら、あなたの楽しみはオアフ島に到着した後だけに与えられるものだろうか」。

この旅こそが、「夢活」の芯と言えるのです。

そしてふたつめは『私の部屋のポプリ』でも紹介された「夢の視覚化」の方法です。まずスクラップブックに「MJITLOAAH」と書きます。これが意味するのは「My Journey Into The Land Of Abundance And Happiness（豊饒《ほうじょう》と幸福の国への私の旅）」。

スクラップには、自分のすべての目標の絵や写真を貼りつけて、素晴らしい絵本にし、自分のものになりつつあるという気持ちでいつも眺めなさい。

こんな楽しい「夢活」ならやってみない手はない！　ですよね。

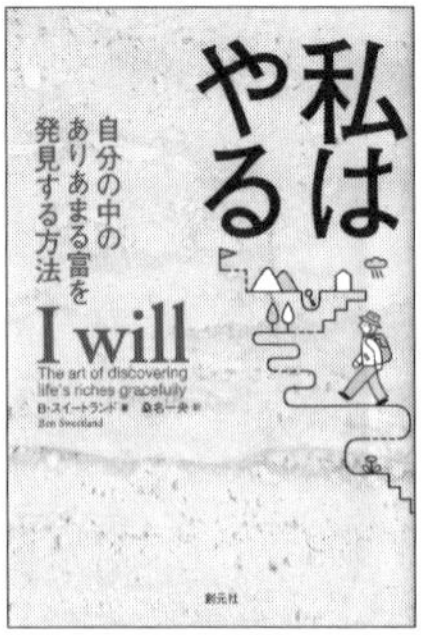

『私はやる』
B・スイートランド著／創元社

step.2

あなたにとって
無理のない「夢活」を！

1 「自分探し」はもうしなくていい

一時、よく耳にした「自分探し」という言葉、かっこいい感じだし、響きも悪くありません。

それなのに何故か、この言葉を目にしたり耳にしたりすると疲れるんです。

自分の感じ方だけであれこれ言うのも……と思って、意味を調べてみました。「それまでの自分の生き方、居場所を脱出して、新しい自分の生き方、居場所を求めること。『自分探しの旅』というように使用する」。

そうか、私が疲れを感じる理由が分かりました。

今の状態から脱出するのと、新しい生き方・居場所を見つける労力の両方が含まれている言葉だから、これは並大抵のエネルギーじゃないな、と。

まだ成長過程の「過去」と言えるものが少ない若者たちならともかく、大人の私たちは「自分探し」に膨大なエネルギーを使う必要はない！　改めてそう感じたのでした。

今から「自分探し」をするより、今の自分を受け入れて、そこから導き出せるものがあるはず。

このstep.2では、そういうスタンスで「無理しない夢活」を考えていきたいと思います。

すべての食材や調味料を一から買いそろえなくても、私たちはもう「今日の夕食」を作ることができます。例えば、ちょっとしなびかけた野菜やパックに半分残っているバラ肉があれば、おいしい炒め物を作ることも可能。少しオイスターソースを加えたり、火加減を調節したりする「工夫」ができるからです。

そう、「自分探し」より「自分の工夫」ということなんです！

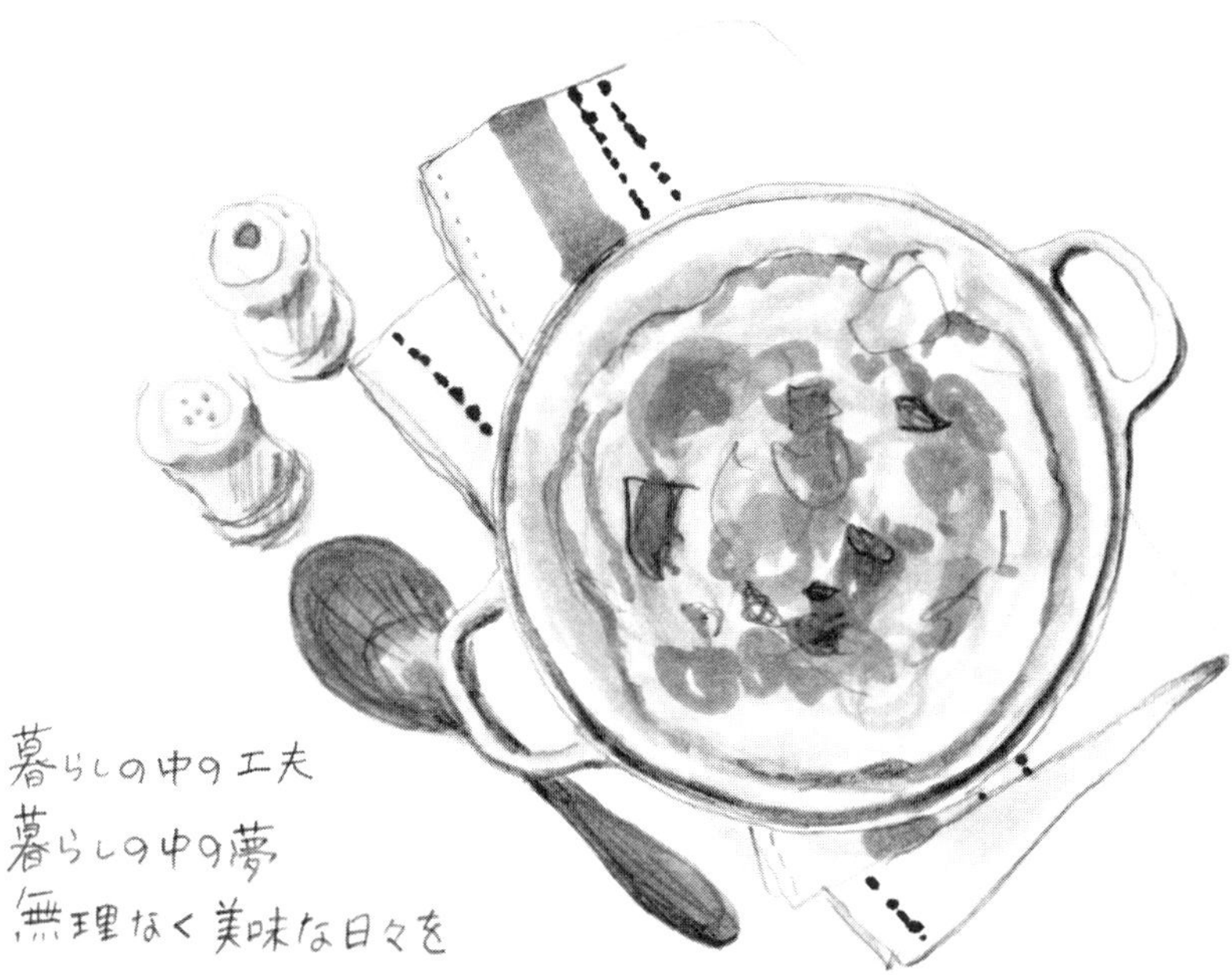
暮らしの中の工夫
暮らしの中の夢
無理なく美味な日々を

2 ほんの少しのマニアック

「マツコの知らない世界」という番組、ご存知でしょうか?

私は、かなりの割合でこの番組を見ているのですが、とにかく世の中には本当に色々なことに興味を持ったり、のめり込んだりしている人がいるんだなぁ……と感心しながら、「ヨウコも知らない世界」を楽しませてもらっています。

まあ、マニアックな人たちと言ってしまえばそれまでなのかもしれないけれど、みんなの「それ」を語る時の幸せそうな表情ったらありません。

そしてこれもひとつの「夢活」の形なんじゃないか、と思うのでした。

そんな視点で、私の周りにいる人たちと話してみると、「少しマニアック」から「かなりマニアック」まで、いるわいるわ……。

若干「取材マニア」の私が見つけたマニアな人たちの中から、三人ほどご紹介してみましょう。

温泉マニアのIさん。休日の楽しみは、日帰りで温泉巡り。バッグの中には温度計を常備しており、温泉マイスターの資格もとったそう。おススメの温泉や、効能・成分について熱く語ってくれました。

チョコレート・マニアのAさん。形、味、歴史はもちろん、新進気鋭のショコラティエの作品に出会うのが楽しみ！　とのことでした。

スタンプ・マニアのNさん。旅先の駅や郵便局や神社、資料館、美術館などでスタンプを見つけると必ずポン！　専用ノートを持っていて、最近では「ここはありそう」とカンが働くそうです。

話を聞いていると「自分は人と比べてどうなんだろうか」なんて悩んでいるのはもったいない！　という気持ちになり、ちょっと背中を押してもらえたのでした。

あなたも、自分の中にある「ほんの少しのマニアック」な部分に目を向けて、ぜひ大切にして欲しいと思います。

見てかわいい 食べておいしい
もらって嬉しい それがチョコレート♥

3 「強制終了」したことを思い出す

新しい生き方や居場所を求めて「自分探し」しなくても、あなたの「これまで」の中に「これから」のヒントが必ず隠れているはずです。

隠れているからといって、見つけるのはそう難しいことではありません。

それは、かつて途中で「強制終了」したことを思い出せばいいからです。

思い起こせば、私の場合もいくつかの「強制終了」がありました。

すぐに思い浮かぶのは、大学を卒業し高校の教師として就職した時「イラストを描く」ということを「強制終了」。

美大生から美術教師になったのだから、イラストを描くことくらい続けられるはずと思っていたのですが、そんなに甘いものじゃありませんでした。

片道一時間半の通勤。教育学部出身でないので、教師としてのスキルが圧倒的に足りない。担任としての責務、授業のプレッシャー、自分が絵を描く余裕なんて全くありませんでした。

その後、一子出産、転勤、二子出産……。

結局「強制終了」したイラストを再び描き出したのは、子どもたちに絵本を読んでいた時に、ふいに涙が流れたことからでした。

いわさきちひろさんの優しい水彩画に、ポタポタと落ちたもの。

もちろん、すぐに以前のように何時間もかけてイラストを完成させるほどの余裕はなかったし、描き方も忘れかけていました。

でもほんの十五分、子どもの画用紙をもらって色鉛筆を走らせているうちに「強制終了」が「長い休み」に変わっていったのです。

今でも「強制終了」したままのいくつかのことがあるけれど、それも「長い休み」にできるかもしれない。そんなふうに思っているのです。

終了でなく
休んでいただけ
好きなことは
ちゃんと
思い出せます

4 積み残した「夢」がどこかにない？

先に「強制終了」したことから、再び「夢活」を始めるというお話をしました。しかし、それは強制的にやめざるを得なかったとしても、一度は始められたこと。ここでは、始めることができなかったけれど、積み残してきたんじゃないかな……、という「夢」の方を考えてみることにしましょう。

プロローグのところで、イタリアの小さな町、バッサノ・デル・グラッパに二週間だけの語学留学を体験した話をさせてもらいました。

まさに「イタリア」という存在は、私にとって大きな積み残しの「夢」でした。イタリアルネサンスの、というより世界の巨匠、レオナルド・ダ・ヴィンチの絵に心を奪われたのはまだ小学生の頃でした。聖母マリアの美しさ、幼児イエスの愛らしさ……。当時の私は教会の日曜学校に通っていて、最後にもらえる天使や聖母子のカードを集めていたのです。

レオナルドの伝記（もちろん小学生向け）も読みました。その中に、赤レンガの

フィレンツェの街　私の夢の街

街並みが美しいフィレンツェの写真が載っていました。

それから実際にフィレンツェに行くまで、とても長い月日がかかりました。

四十歳をいくつか過ぎた私が、その地で初めて教会の鐘の音を聴いた時の感激は今でも忘れられません。

ずっと積み残した夢がようやくかない、その夢が想像以上に素晴らしかったことに心から幸せを感じました。

その後、自宅近くのイタリア語教室に通い、バッサノにも行きました。残念ながら、未だイタリア語は流ちょうに喋れるほど習得できていないですが、私の中では「フィレンツェの街をわが街のように歩く」という夢は、まだまだ健在なんです。

5「大人女子」が夢活するコツ

「自分探し」という今どきの言葉には、ちょっと抵抗があった私なのですが、同じように今どきの「大人女子」の方は、あまり気にならず使っているのです。

多分、自分の中にずっと変わらずに存在している感覚は、「女」というより「女子」だからなんでしょう。

「女子」に、シンプルで力強いものを感じます。

例えば、ジブリの映画に出てくるヒロインのような感じ。

もちろん、外見的な部分でそういう「女子」を表現しようという気持ちは全くないし、まあどう考えても不自然でしょう。

ただ、様々なものを抱えてしまう前の「女子」だった感覚が、まだ自分の中に残っていると考えると、不思議に懐かしく頼もしい気持ちになるのです。

そして、もういちど「夢活」する際に新しい方向から光が射すのではないか、と思うんです。

「大人女子」が夢活する時のコツは、とても簡単。

「女子だった自分が憧れていたこと」を思い出すだけ。

ずっと忙しくしていたから、当時の憧れなんて忘れたし、恥ずかしいから思い出しもしなかった……。その辺が「大人の本音」かもしれません。

でも、もし今何か虚しかったりイライラしたりしているとすれば、「憧れた感覚」を取り戻すことで何かきっかけが摑めるんじゃないか、と思います。

〈かわいい小犬を飼いたい、ひとり旅＆冒険してみたい、素敵な自分だけのお城〉

きっと「大人女子」の今だって、「あっ、それいいな」と思うはずです。

大人女子の憧れは
ワインのように歳月を経て香ります

6 役割から得意になったことはない？

「女子」を内包しながらも、私たちは「大人」として生きてきました。

だから、今日に至るまで色々な役割を担ってきたわけです。

私自身、特に教師と母親という役割からは、数えきれないくらいたくさんのことを学んできました。

どちらも、私の人生における大役です。

教師の仕事の中では、「クラス担任」「美術教師」「部活顧問」「委員会顧問」「進路指導」「生活指導」などの役割を経験しました。

自分が担任になって「得意かも？」と気づいたのは、「大きな声が出る」ということでした。それまでは（今の私からは想像がつかないかもしれませんが）、人前で話すのは苦手だったのです。

私が勤務していたのは女子高校、放っておけば一向におしゃべりをやめない「女子」たち。そこで声を張ることや彼女たちの気持ちをこちらに向けるための話術が身に着いたと思います。

今、講演を頼まれてもあがらず話すことができるのは、彼女たちの担任をやったおかげなんです。

他にも色々あげられるけれど、特筆すべきは「掃除や片付け」がじょうずにできるようになったのは、教師時代だったこと。

やっているうちに
得意になる
自然に無理なく
学んでる

新任早々、整美委員会の顧問という役割を仰せつかり、お局《つぼね》みたいな年配の先生に厳しく指導を受けました。清掃道具の整備から効果的な掃除方法まで、あの時に学んだことが、主婦になった時にどのくらい役に立ったかしれません。

あなたにも、きっと役割から得意になったことがいくつもあるはず。それは「当たり前」のことなのではなく、あなたの大事な財産なのです。

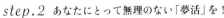

7 「好きだから続く」という方法

忙しくても、部屋の掃除が（まあまあ）できているのは、先にお話しした掃除の習慣が今も続いているからだと思います。

と同時に、もうひとつ教師時代から続いている「好きなこと」があって、それは部屋がきれいに片付いたら花を飾ること、なんです。

教卓の上に小さな花瓶を置いておくと、生徒たちが自分の家の庭から花を持ってきてくれました。花作りが趣味の用務員さんからもらうこともありました。

教師という仕事はハードだしストレスも多かったけれど、小さな花瓶に生けられた花から、私もクラスの子たちも潤いや癒しをもらっていたような気がするのです。

このような経過で始まった「花を欠かさない生活」というのは、「好きなことを続けてきただけ」のことなのですが、これだって立派な「夢活」ではないかと思います。

☆ひとりで食事をする時も箸置きを欠かさない

☆毎週テニスは欠かさない
☆家族が出かける時は必ず見送る
なども、かなり長いこと続けてきましたが、これらも義務ではなく「好きだから続いた」習慣であり、私の描いたひとつの夢の形なのです。

家族のあり方や暮らし方は変化しても、花も箸置きもテニスも挨拶もどれも「好きだから」続けています。

たまの出張で我が家に泊っていく大阪在住の息子も、昔と同じように玄関のドアを出たところでもう一回手を振ってくれます。

私の身近な例で、無理ない「夢活」のいくつかをご紹介させてもらいました。

ひとりごはんでも
箸置きと「いただきます」
「ごちそうさま」は欠かさずに

column

おススメ本・その3

おススメ本の中に、夢見る「女子」の代表選手をぜひ入れたいと考えました。最初に浮かんだのは、やはり『赤毛のアン』のアン・シャーリーでした。普段からよく読み返す本が並んだ棚があるので、そこのアンシリーズを取ろうとした私が、手にしていたのは『あしながおじさん』でした。ヒロインの名前は、ジェルーシャ・アボット、愛称は（自分でつけた）ジュディです。アンと同じく孤児院で育った、想像力豊かで独特の文才を持った「女子」。

この本の特徴は、孤児の自分を大学に行かせてくれることになった慈善家のジョーン・スミス氏宛ての手紙で構成されている点です。彼女が会ったこともないスミス氏、名前も匿名だし、彼女が月に１回出す手紙の返事は来ません。義務的な報告の手紙になっても仕方がないところだけれど、そこはジュディならではの魅力的で楽しい内容になっています。

アンのシリーズでも、手紙形式の巻はありますが「愛しいギルバート宛て」なので、ジュディのようには煩悶《はんもん》しません。彼女の言葉を借りれば「まるで馬つなぎ棒か物干しざおにむかって、手紙を書いているのとおなじようなもの」なのですから。

『あしながおじさん』
ウェブスター著／偕成社

そんな「おじさまの正体」を知りたくて、手を変え品を変え知ろうとする様子も「女子」として共感するし、驚きや失敗の描写も秀逸、そして何より強く夢見る姿に励まされます。

「大人女子」にも、「夢活」する勇気を注ぎ込んでくれる名作だと思います。

step.3

夢活の方法
——行動編

1 「夢」の取材と思えば動けます！

「夢活なんて言ったって、毎日あれこれ用事があって、特別な活動なんてとても無理！」。そんなふうに感じているあなたには、今日から「夢」について取材する記者になってもらいましょう。

ワイドショーから近所の情報まで、世の中にはたくさん情報がありますが、どちらかと言えばネガティブな内容が多いです。

「綺麗な人だったけれど、病気には勝てないわね」とか「優秀でも、プライベートのトラブルは避けられなかった」というように、恵まれている（と思われる）人が、健康を害したりスキャンダルに巻き込まれたり……は特に人々の耳目を集めます。

だから、プロの記者たちは「そっち」を追うわけですが、夢活中の私たちは、そういうネタとは一線を画したいと思います。というより、どちらかと言えば「その逆」ですね。

特に恵まれていた境遇とか経歴を持たなくても、自分のビジョンを持って夢をか

夢の取材に出かけよう!
ポジティブな好奇心と一緒にね

なえた人の考え方や行動を取材するのです。

その取材対象は、多岐に渡ります。

記者になれば自宅にいても、家族との会話や新聞・テレビ・ネットから情報は得られるし、一歩外に出れば、新しい店やおしゃれな人チェック。通りかかった図書館のお知らせからだって、「夢活のヒント」が得られたりするものです。

小さな取材ノートにメモしたり、スマホで撮っておいたり、記者として有効な情報を得るところから動いてみてください。

2「夢活費」を作り出そう

家庭を円滑に回していくためには、「必要経費」が必要。その内訳は、食費・水道光熱費・交通費・教育費・通信費・交際費……項目を挙げていけば、まだたくさんあります。

そんな必要経費の中に「夢活費」を用意することは、無謀なことでしょうか？

私個人は、それこそ自分にとって相当に重要な「必要経費」である！　と考えているのです。

取材記者の目で周りを見回すと、ほぼ同じくらいの間取りのマンションに住み、そう収入が変わるとも思えないのに「豊かに暮らしている人」と「キツキツで暮らしている人」がいることが判明します。

豊かな人は、生活の工夫でやりくりしつつ、自分の「夢活」も行っているので、周りの「見栄張り競争」などに巻き込まれません。

一方で、なぜかキツキツになってしまう人は、誰かが新しい何かを買ったらしい

と聞くだけで、それを手に入れなくてはと焦ってしまう。

それが、ずっと自分が欲しかった物ならともかく、誰かがそれを買ったことに反応しているだけなので、無理して手に入れたところで「心からの喜び」は訪れようもありません。

実際、別の誰かが「もっと高価なの」を買ったとすれば、一瞬にして焦る自分に逆戻りだからです。

自分は自分。ひとりひとり好きなことや欲しい物は違っていい。

キツキツの彼女がそう考えられるようになるためには、やはり「夢活費」が必要経費になるような気がします。

誰かと張り合って買う、虚しさを埋めたくて衝動買いする、節約疲れの反動買い……そういう出費を「夢活費」に回すことはできるんじゃないでしょうか。

本当に欲しい物なら
買ったあとも大切にできる
だから対抗心や
うさ晴らしでは買わない

3 朝と夜に「夢活時間」を

「夢活費」とセットにして「夢活時間」が確保されていれば、夢がかなう力はより強くなり、行動に弾みがつきます。

まず、とても大事なのが「朝の時間」。今日という日の始まりですから、清々しい「気」があふれています。

できれば今までより三十分早起きして、「朝ひとり時間」を作り出してください。

以前は、朝起きても何となく疲れが残っていた私ですが、「夢活費」の一部を使って、自分用にフレッシュなフルーツを購入し、夜のうちにカットして冷蔵庫で冷やしておくことにしてからは、起きた時の感じが変わりました。

窓の近くに折り畳み式テーブルを置き、朝の光と清々しい気を感じます。テーブルの上にはガラスの器に盛られた朝の光で煌《きら》めく色鮮やかなフルーツ。リゾートホテルに行かなくても、こんなに贅沢な「夢活時間」が作れるんです。

そして極めつけは、そこで開く「夢ノート」！

朝ひとり時間はちょっとだけ
ホテルっぽく演出してみて

「夢ノート」の作り方に関しては、step.5で具体的かつ詳しく説明してありますので、ぜひ参考にしてください。

朝「夢ノート」を見ることで、その日の多くの時間が「夢活」につながっていきます。そして自然にラッキーやチャンスに出会う機会が増えていくのです。

さて夜寝る前にも、もう一度「今日一日の自分のしたこと、起きたこと」について振り返るささやかな「夢活時間」を持ちましょう。

これであなたが描く夢も眠りの中で見る夢も、どちらも素敵なものになります。

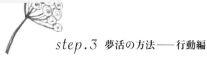

4 成功体験を積み重ねるコツ

ここで言う成功の意味は、ふたつあります。

ひとつは、目的を達成すること。もうひとつが、地位や富を得ること。

たいていの場合、成功を後の方の意味で捉えているので、なかなかたどり着けない遠い場所や、登ることが難しい高い山や障壁のようなイメージを持ってしまいがちです。

しかし、よくよく考えると実は「地位や富を得ること」の方が、限定された小さなスケールの成功なんじゃないでしょうか。

なぜかと言えば「目的を達成する」の方は、目的は自分でどれだけダイナミックにも、またいくつでも作ることができるからです。

それにくらべて、地位や富は高みを目指しているようでも、単なる量的変化にすぎません。

もちろん、あなたが目指す成功の中に、後者が入っていても一向に差し支えあり

ません。しかしそれは、前者の成功の中のごく一部なんです。

成功体験を積み重ねるコツ、それは自分が決めた目標や、自分が抱いた夢をはっきり自覚して、「成功への旅」に出さえすればいい、ということ。

美しい自然に触れるのも、老舗旅館に泊まるのも、地元のお祭りに参加するのも、ずっと食べたかった名物料理を食べるのも、旅のアルバムを作るのも、ひとつひとつがすべて成功体験！

そしてまた次の「成功の旅」を楽しみに、プランを立てたり準備を楽しんだり……、それこそがずっと「成功体験」を積み重ねていく、最も無理のない確実な方法なんです。

場所、季節、料理
プランを立てる
ところから始めましょう！

5 忘れてませんか？ 大人の勉強

今朝の「夢活時間」、『あしながおじさん』の前に、本棚から取り出そうとしていた『赤毛のアン』を窓辺のテーブルに持ってきて、パラパラと読み返してみました（ちなみに今朝のフルーツは、ゴールデンキウイとブルーベリー）。

そして、私が昔とても感激して書き抜いた「勉強は夢に至る階段」という言葉を探したのですが、パラパラだけではちょっと見つかりませんでした。もしかすると、アンシリーズの別の巻にあった言葉かもしれません。

今朝の「夢活時間」が終わり、朝食を済ませたら「この原稿」を書く予定だったので、今日のところは出典を後回しにして、言葉を紹介することにしました。

「勉強は夢に至る階段」、いい言葉です。

一日の多くを勉強に費やさざるを得なかった学生（特に受験生）の頃と違い、今はすべて自主勉ですから、気は楽ですがついつい遠ざかったまま日々が過ぎていきます。

私の今の主な勉強は、漢字書き取り。とにかく「まあ読めるけど、書けない」。今もキイを叩いていればドンドン変換してくれる、「書けるはず」の漢字も曖昧になっているんです（この曖昧だって、けっこう難しい）。

勉強コーナーがあれば
ちょっとの〈ひとり時間〉も有効に使えます

それで、アイパッドで「書き取り漢字練習～１４４６問～」をやっています。小中学校各学年で習う漢字はともかく、新常用漢字や人名漢字まであるので、かなり難度が高い。現在の自分の全体達成率を調べてみたら、81パーセントでした。

なるべく長く、文章を書く意欲と情熱を持っていたいという「夢」のため、楽しみつつ頑張っているところです。

6 アンとの出会いから得られるもの

「あのね、マリラ、何かを楽しみにして待つということが、そのうれしいことの半分にあたるのよ」とアンは叫んだ。「そのことはほんとうにならないかもしれないけれど、でも、それを待つときの楽しさだけはまちがいなく自分のものですもの。リンドの小母さんは、『何ごとも期待せぬ者は幸いなり、失望することなきゆえに』って言いなさるけれど。でも、あたし、なんにも期待しないほうが、がっかりすることより、もっとつまらないと思うわ」

『赤毛のアン』（新潮文庫）より

若い頃から何度も読み返してきた本ですが、今の年齢になっても「そう、リンド夫人の言うように、期待しなければ失望もないけれど、待つ楽しさは結果にかかわらず自分のもの……」と、アンから教わるのでした。

アンやリンド夫人の言葉、実際には著者モンゴメリの言葉ですが、この愛すべきふたりのキャラクターに出会えたことに感謝です。

初対面では大げんかするふたり。「きりょうで拾われたんでないのはたしかだね」「まあまあ、こんなそばかすって、あるだろうか。おまけに髪の赤いこと、まるでにんじんだ」。リンド夫人は思ったことをずけずけ言うのを自慢にしている正直者です。

一方のアンは、赤い髪が何よりのコンプレックス。リンド夫人と和解したあとも、同じクラスになったギルバートに「にんじん！　にんじん！」と言われると、彼の頭に自分の石盤をうちおろすという暴挙に出ます。有名な場面なので、ご存知の方も多いでしょう。

もしアンが赤毛でなかったら、その後の彼女が夢をかなえるために努力する姿がここまで多くの人に支持されたか……と思いながら本のページを閉じました。

まだアンのグリン・ゲイブルズを
訪れたことはありません
私の「芋的夢」のひとつです

7 「夢友達」との出会いが「夢活」の醍醐味

本の主人公でも、たくさんの学びが得られるわけですが、それが実際に会って、一緒に行動したりお喋りしたりできる相手なら、もっともっと「夢活」は楽しく手ごたえのあるものになります。

アンは、心を許せる本当の友達のことを「腹心の友」と名付けました。

私もそれにならって（？）、自分の夢について語ったり励まし合える相手のことを「夢友達」と勝手に名付けています。

ひとりだとネガティブな思考になりがちな時には、思い切って「夢友達」の誰かに会いに行くことにしています。

本好きの「夢友達」には、最近一気読みしたミステリーを貸す、という名目で会うことに。以前、おいしい手作りジャムをくれたので、近頃評判のパン屋さん経由で食パンをお土産に彼女のもとを訪れます。

「夢友達」と会うと、理屈っぽく何かと考えこみがちな私も、いつもより素直に

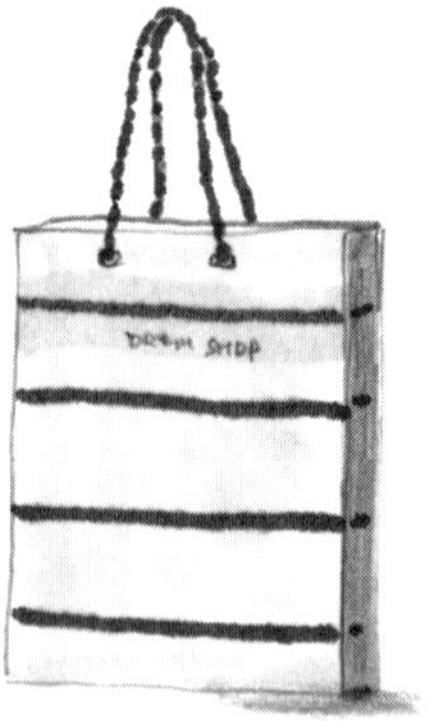

なって語り合えるのです。

今、書いている本のことを話すと、熱心に聞いてくれます。

彼女の方は、しばらく休んでいた看護師を仕事にすべく準備中です。

気づくと、香り高いルビー色のお茶と、ジャムを添えたトーストが私の前に置かれていました。

もちろん、お互い悩みもあるし、不安なこともあります。

ただし、メインの話は「今、はまっていること」や「これからしたいこと」についてなので、帰り道には「快い満腹感」と「夢活エネルギー補給」の両方を果たした元気な自分になっているのでした。

column

おススメ本・その4

「言葉は海であり、辞書とは海を渡っていく舟」

最近の小説の中から、ひとつおススメ本を選ぼうとした時、迷わずに手にしていたのが、この『舟を編む』でした。

玄武書房《げんぶしょぼう》という出版社で、国語辞典『大渡海《だいとかい》』を刊行する計画が持ち上がります。そんな中、辞書作りひとすじ37年のベテラン編集者、荒木公平《あらきこうへい》によって、営業部から引き抜かれるのが馬締光《まじめみつ》也《や》、この本の主人公です。

2012年の本屋大賞を受賞し、2013年には映画化もされたこの作品、心底から言葉を愛し、取りつかれた人々の奮闘を描き切った傑作だと思います。私個人は荒木ファンなのですが、その理由は何せ彼と全く同じ経験をしているからです。それは、中学校の入学祝いに『岩波国語辞典』をもらい、言葉の面白さに夢中になったこと。暇さえあれば、いつもこれを読んでいたのでした。

言葉の海は広く、深い。そして、辞書のおかげで航路が定まり、私達は言葉を編み、形にしていくことができるのだと思います。

『舟を編む』
三浦しをん著／光文社

そして言葉への感性と尊敬があれば、自分の思いを伝えられると同時に、人の気持ちを汲み取ることができます。

馬締と香具矢《かぐや》の恋物語もほほえましく、大家のタケおばあさんや国語学者の松本《まつもと》先生もいい味を出しています。

『大渡海』の完成という壮大な夢を15年の歳月をかけてかなえていく彼らの物語にまだ出会っていなかったら、ぜひご一読ください。

step. 4

夢活の方法
── 心理編

1 落ち込みが、次の成功を呼び込む

いくら「夢活」するぞ！　と張り切って生活していても、思うようにいかない日もあります。張り切っていた分、落ち込みも激しいかもしれません。

しかし、落ち込むことがない自分になることが、果たして「進歩」なのかと言えば、そうでもないような気がします。

実際、私自身のことを考えても、原稿を書いている間にも何度も落ち込む瞬間が訪れます。

「このようにしたい」「こんなふうに表現したい」というビジョンがある時ほど、そこにまだ至らない自分自身を痛感するからです。

しかし「このように」や「こんなふうに」をより具体的にするために、言葉を絞り出しているうちに、「これだ！」という表現に出会う瞬間が訪れるのです。

こういった経験に、文章を書く場合に限らず、様々なところで遭遇してきました。

落ち込みは、新しい跳び箱を跳ぶための、心の踏切板のようなものです。そこで

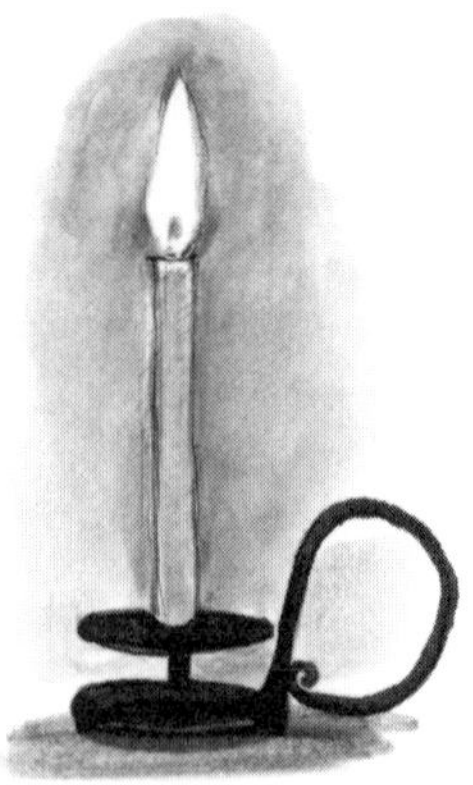

一回「重力の法則」通り、下方に力が加わることで、次の成功に結びつくはず。

そう信じて、落ち込みを毛嫌いせず「ああこれは、もう少しすると光が見えてくる前兆だ」と考えればいいのです。

そして落ち込んでいる時には、次に飛躍する自分のために、何かプレゼントをしてあげましょう。

単なる「もの」のプレゼントだけでなく、自然の中に身を置いたり、「夢友達」とスイーツを食べたり。

嬉しいご褒美がきっかけとなり、落ち込みは必ず次の成功を呼び込んでくれるのです。

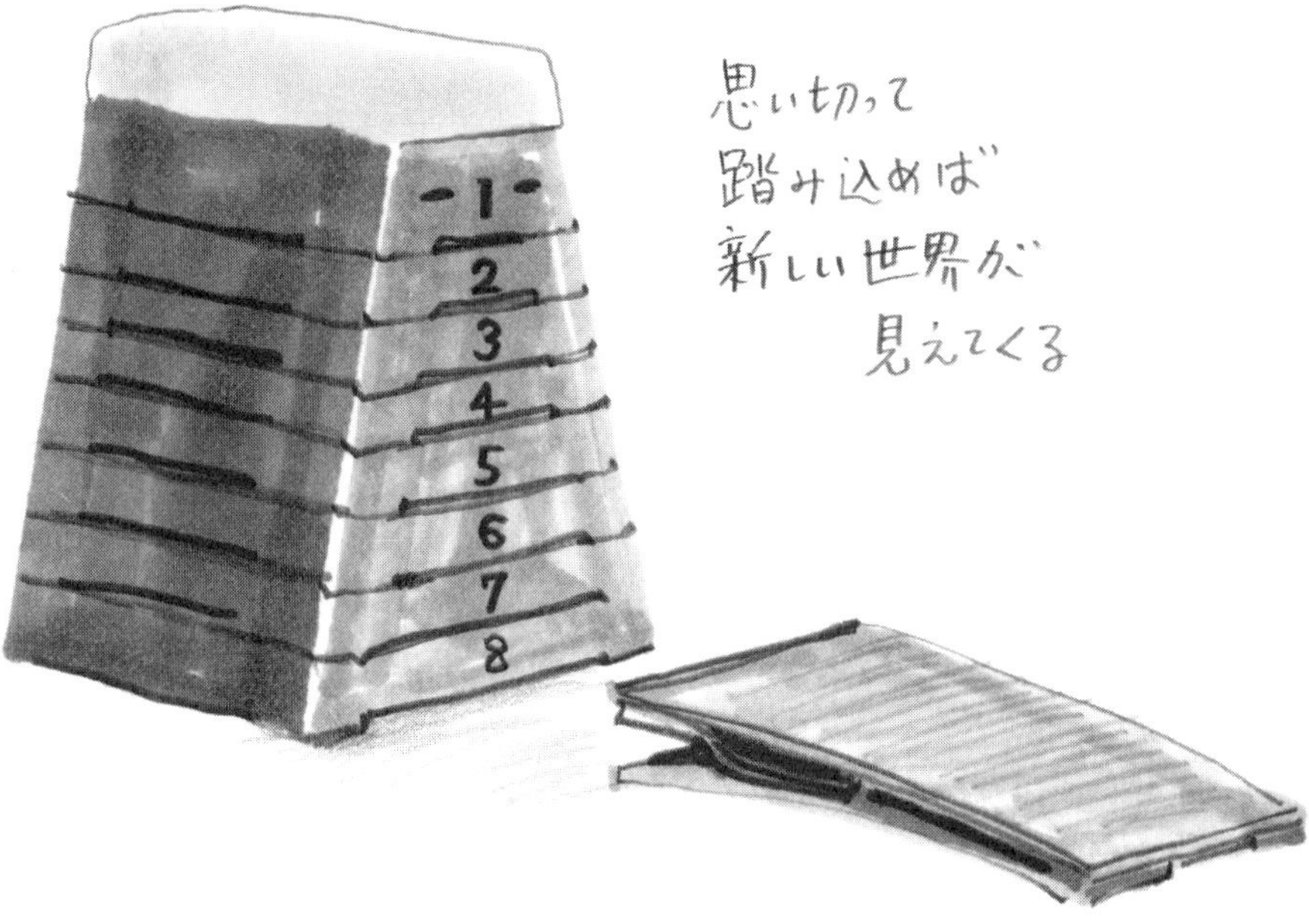
1
2
3
4
5
6
7
8
思い切って
踏み込めば
新しい世界が
見えてくる

2 これまでの生活を否定しない

何かと至らなかった自分、もっと改善できたかもしれない人間関係、生活の中で積み残したままの様々な問題……。

後悔し始めれば、キリがありませんよね。

だからと言って、それはこれまでの生活を全否定せよ！　ということとは別問題だと思うのです。

これまでも、充分に頑張ってきた私たちです。

その努力まで否定する必要や意味が、どこにあるというのでしょう。

ただ、もしかするとその努力は必ずしも方向やタイミングがピタリ！　と合っていなかったかもしれないし、頑張りがかえって「裏目」に出た場合もあったのかもしれません。

これまでの生活や人生を否定するのでなく、貴重なサンプルと考えてみましょう。

「自分のこれまでの生活がサンプル？」と疑問を持たれる方もいるでしょうが、私の真意はこういうことです。

過去自体はもう変えられません。しかし、過去の出来事の解釈の仕方は変えることができるし、そこから学べる何かが必ずあります。

このふたつの事実をセットにして考えるなら、これまでの生活はすべて肯定することが可能なのです。

もしかすると、過去に大して努力しないでうまくいったことより、かなり頑張ったのにうまくいかなかったことの方が、これからの資料としては役立つものかもしれません。

サンプルがあるから
イメージできる
サンプルのおかげで
いいものができる

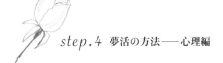

3 決めつけず、型にはめず

人それぞれ、固有の性格があります。

そしてそういう性格や気質を星座や血液型、各種占いで説明するのは判りやすいし、「えっ、私も水瓶座のA型」などというきっかけで、親しくなったりする場合もあるので、コミュニケーションツールとしてはオッケーだと思います。

ただ、ある知り合いのように「私の運気はあと数年ダメ、だから海外旅行もパス」というように、マイナスの方向に決めつけるのは、もったいない。

彼女の場合は極端なのですが、誰しも「性格とか運勢が決まっているなら仕方ないし、かえって楽かも」と思う瞬間はあるし、統計的に傾向が分かる面をすべて否定するつもりもありません。

でも、自らの性格や将来を「何か（誰か）の判断」に全面的に投げてしまうのは、残念だと思います。

自分自身の性格やこれからを型にはめすぎないこと。

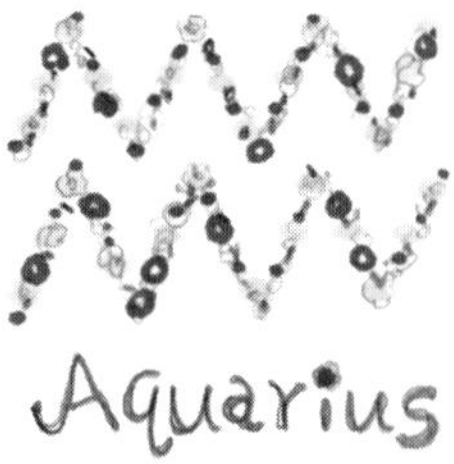

そのことを、頭の隅に置いておくと「なりたい自分」が見えてきた時にも、無理なく動けるし、毎日の重苦しさや息苦しさもなくなっていく気がするのです。

もうひとつ、専門家の中には職業柄「否定的な点」を強調する人がいることも、頭に入れておく必要があるかもしれません。

「転ばぬ先の杖」も大事ですが、「転んでもただでは起きない」というくらいのポジティブさも必要なのかな、と思うこの頃なのです。

いっぱい迷ってもいい
自分で納得できるまで、
とことん迷っていい

4 「失敗の意味」を考える

失敗が、一番分かりやすいのはスポーツの世界でしょうか。

例えば、フィギュアスケートなどは、華麗な演技の流れの中に転倒が生まれ、競技が途切れるので「あっ失敗した」と素人目にも分かります。

しかし、無難な構成でノーミスの演技をするより、もっとレベルの高い技への挑戦により、たとえ転倒（ジャンプの失敗）があっても勝利できるのもまた、まったく素人の私でさえ理解できることなのです。

そんな私が素人テニスをしていても、あきらかなイージーミスと敢えて挑戦してミスしたのとでは、「失敗の意味」が違うと気づく瞬間があります。

集中力も欠け、意欲もないままの失敗と、少しでも上達したいと試行錯誤する中での失敗を同じ扱いとして解釈していたら、進歩は望めないでしょう。

このように、私たちの「夢活」でも、イージーミスとか凡ミスと呼ばれるものと、場合によっては「ナイストライ」だったけど、ほんの少し何かが足りず、ミスにな

Trial and error
Shift
?
先にあるものは
失敗しないと
気付かない

ったものとがあることを知るべきです。

そしてもうひとつ、もっと大きな視点での「失敗の意味」も考えておきたいと思うのです。

それは、失敗の連続の先にのみ、真の成功がある！　ということです。

この失敗こそ、「試す」「挑戦する」の別の言い方なのだ、と思います。

ちなみに、私が今書いているこのエッセイ（ｅｓｓａｙ）、語源はフランス語のｅｓｓａｉなのですが、意味は「試み」。

印刷され、このように読んでいただけるところに至るまでは、「試み」こと「失敗」でできあがったものなのです。

「夢」という字は優雅なようですが、体育会系のスポーツマンシップが似合うような気がしています。

5 かないかかった夢にブレーキをかけない

もうひとつ、これもスポーツ時のメンタルに近いのですが、成功や夢実現が目前に迫ってきた時の私たちの気持ちについても考えておきたいと思います。

スポーツ中継を観ていると、勝利が見えてきた時に緊張からかすっかり固くなって「さっきまでのパフォーマンスはどうした?」と呟きたくなる場面に遭遇するのは、稀なことではありません。

「夢活」でも、うまくいきかかった時こそが、一番気をつけなくてはいけない時間帯です。

もしかして、これもしかして本当にうまく行きそう……、あっ行っちゃうかも……、どうしようドキドキする……、ちょっとブレーキ踏んじゃおうかな……。

特に「芋的夢」がかなうまでには、かなりの煮込み時間（労力）がかかっているので、夢の訪れが信じられなかったりしがちなのです。

でも実は、こんなドキドキ緊張状態になったこと自体が「夢実現は目前」という

証拠。

なので、ここは大きく一回深呼吸してそのままスピードを落とさず、ゴールのテープを切ることにするのです。

かないかかった夢にブレーキをかけない。

夢を手に入れる資格があるか……、などともう悩まない。

ラッキーの流れを断ち切ることなく、勝ち逃げしてしまっていいのです。

これは本当に大事なことなので、自分の心に何度でも、こう言い聞かせてください。

「ここまできたら必ずかなうから、大丈夫！　肩のチカラを抜いてリラックスして」と。

かないかかった時こそ
自分の真価を発揮
悩まず進んで！

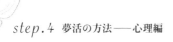

6 自分にとっての幸せをはっきりさせる

失敗や不幸は分かりやすいけれど、幸せの方は意外に漠然としている気がするのですが、いかがでしょう。

「絵に描いたような幸せ」という言葉があるけれど、これも必ずしも肯定的な使われ方をしません。

どちらかと言えば、「絵に描いたように幸せに見えたけれど、実情は悲惨なものだった」というように、気づかれていなかった不幸を強調するための枕詞みたいな感じです。

そして、その幸せの象徴と言われる絵はどこの誰が描いたのかも分からない、どんなものが描かれているのかも分からない……という不思議な絵なんです。

ということは、自分が好きなものやうっとりできる場所や、心を許した人たちのことを自分で描けば、「私にとっての幸せ」というタイトルの、素敵な作品になるはずです。

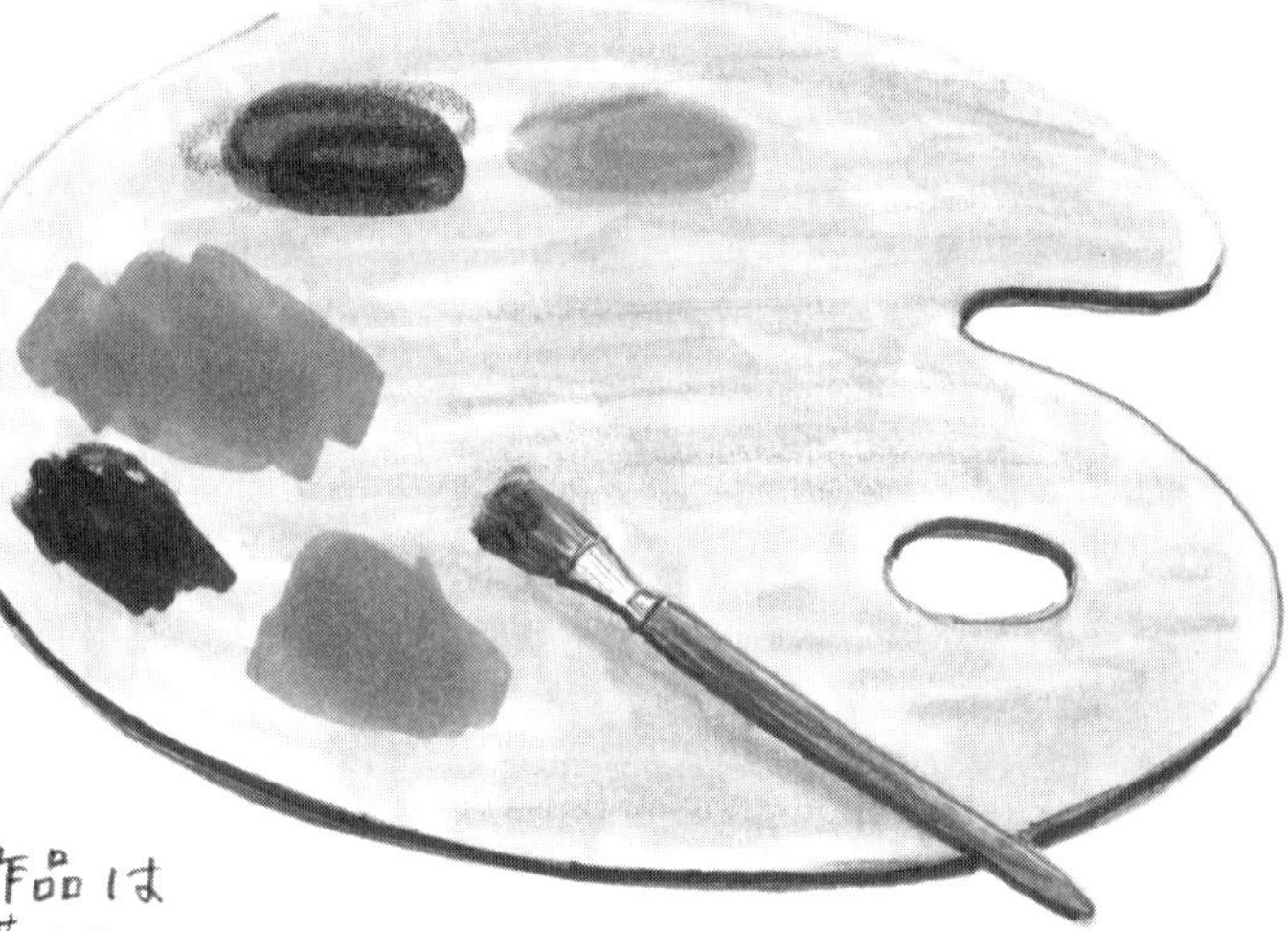

オリジナル作品は
いつだって描ける
まずは〈描きたいもの〉を見つけよう

もうひとつ付け加えれば、「私にとっての幸せ」というタイトルの絵は、一枚だけでなくていい。このタイトルの作品なら、シリーズ化して何枚も描きたいものだと思います。

「画才がないので……」という心配は無用。絵筆を持たなくても、「もの」や「こと」を、どうやって視覚化していくかについての方法は、次のstep.5で詳しく紹介します。

いずれにせよ、曖昧なまま「幸せ」が訪れないと嘆くより、自分がどんな時に幸せを感じられるかをはっきりさせる。

そして、そこから「幸せ」を積み重ねていく自分になればいいのです。

7 心を奮い立たせる言葉を見つける

「右にサイフ、左にハート」

この本で何度も登場してもらった『私の部屋のポプリ』の13ページで見つけた、詩人の深尾須磨子さんの言葉です。

こんなに短いのに、こんなに温かくて強いなんて。

当時、教師をしながらも、これから自分の行く道に自信が持てなかった私の心を奮い立たせてくれる言葉でした。

それからは、自分の心に響く言葉や心の栄養になる言葉を夢中で集めました。自ら「図書の仕事を手伝わせてください」と司書の方にお願いし、授業の合間や放課後は図書館で過ごすようになりました。

エッセイや現代文学はもちろん、今まで手を伸ばしたことがなかった古典や哲学書まで手にするようになったのです。

そして、言葉を書き抜いているうちに、以前より自然に生徒を励まし、アドバイ

スできるようになっていきました。

教師をやめて長い月日が経ちましたが、今も「座右の銘は何ですか?」と聞かれると「右にサイフ、左にハート」と答えます。

もし「女性の社会進出と私的生活の両立を」などという固い表現だったら、私の心には響かなかったでしょう。

だから、ものを書くようになった今でも、シンプルだけれど温かく強い言葉で、その時の自分の心をストレートに表現したいと思っています。

心に残る言葉と出会うことは、とても幸せな体験なのです。

日本現代文学全集
今でも図書館が
大好きです
必ず素敵な
出会いがあるから

column

おススメ本・その5

勝手に「幸福の師匠」と呼んでいるのが宇野千代《うのちよ》先生です。もともと私は美術畑の出身なので、専門的に文章を勉強したことがないし、作家の先生に師事した経験もないのです。

もっぱら、図書館が勉強の場でした。

そして、教師という職業に行き詰まっていた時に、目にしたのが宇野千代先生のエッセイでした。その話はこれまでにも著書で何度か書かせていただいたのですが、ごく簡単に言えば、明日のために着る服や、仕事に必要なものを前の晩に用意しておく、という内容でした。

以来、今でも翌日に着る服をハンガーに掛け、持っていくものを準備する習慣と、まだ書くことが何も浮かんでいなくても、とにかく机の前に座ること(これも先生の教え)は守っているのです。

そんな師匠の本なので、おススメはいくつもあるのですが『幸福の法則一日一言』を選びました。1日ひとつずつ、心に響く言葉が記してあるので、夢活時間にその日のページを開くことにしています。

『幸福の法則一日一言』
宇野千代著/海竜社

ちなみに、今原稿を書いているのは6月2日。その日の先生の言葉をご紹介しましょう。

明るい気は明るい気を呼びます。陰気は陰気を呼ぶのです。

人間は何もしないで暗く沈んでいることほど罪悪はありません。

もっと他の日の言葉も読んでみたくなりませんか?

step.5

夢をかなえるための「夢ノート」作り

1 あなただけの「夢ノート」を作ろう

さて、様々な大人のための「夢活」について提案してきましたが、このstep.5では総まとめとして、最も具体的でかつ有効な夢活提案をさせてもらいます。

それが「夢がかなうノート」、略して「夢ノート」。

step.4までの提案でも、充分に「もういちど夢をかなえる」土壌は出来上がっているのですが、最終的には「ノートに夢を書き出す」ことで、本当の完成に至るのです。

おススメのノートは、ページを自由に入れ替えできるバインダー式のもの。

ただし、おススメのノートを買ってきたけれど何も書かなかったら意味がないし、書き始めたものの「こんなのムリだよ」となって、引き出しの奥に忘れられたままになってしまったのでは残念……。

そこで、単なる市販のノートから世界にひとつだけのあなたの「夢ノート」を作り、それを最大限に役立ててもらうべく、ここまでお話しさせてもらったのです。

例えば、step.1では「芋的夢」と「葉的夢」の両方があること。

step.2では、積み残した「夢」が貴重

ウィリアム・モリスの
デザインの花柄カバーをかけて
ラベルを貼りました
「大人女子」ぽい夢ノートに
なったかな？

な財産だということ。

step・3では、今すぐできることから「動く」こと。

step・4では、「失敗した」とすぐ決めつけないこと。

などを取り上げてきました。

これらすべてが、「夢ノート」作りに大いに役立ちます。

これらの心構えを持っていれば、市販のノートは必ず素晴らしいあなただけの「夢ノート」に変身してくれることでしょう。

ちなみに、上でご紹介しているのが現在の私の夢ノートです。A5サイズ二十穴のバインダー式を使用しています。

このノートで、もういちど気合を入れ直して、「夢」をかなえていきたいです。

2 あなただけの夢のリストを作る

あなただけの世界でたった一冊の「夢ノート」にするために、あなただけの夢をリストアップしてみましょう。

ちょっと言うのを忘れていたので、ここで記しておきますが、基本的に「夢ノート」を見ることができるのは自分だけ、という扱いが望ましいです。

インスタやブログ、ツイッターなどSNSに挙げるのと最も違う点が、ここ。絶対にどんなに壮大な芋的夢を書き記しても「炎上しない」のは、自分だけが見る権利を持ったノートだからです。

それを踏まえて、恥ずかしがらずに思いついた夢をドンドン書き出していきましょう！

もういくつもの夢が頭の中に渦巻いていると思いますが、「きちんと整理してから書こう」などと考える必要はありません。

①夢は思いついた順で結構
②できれば100個を目指して
③大きな芋から小さな葉っぱまで区別せず
④似たような夢があってもオッケー
⑤とりあえず最初に10から20はリストアップ
⑥思いついたらそのつど書き足していく

こんな感じでしょうか。

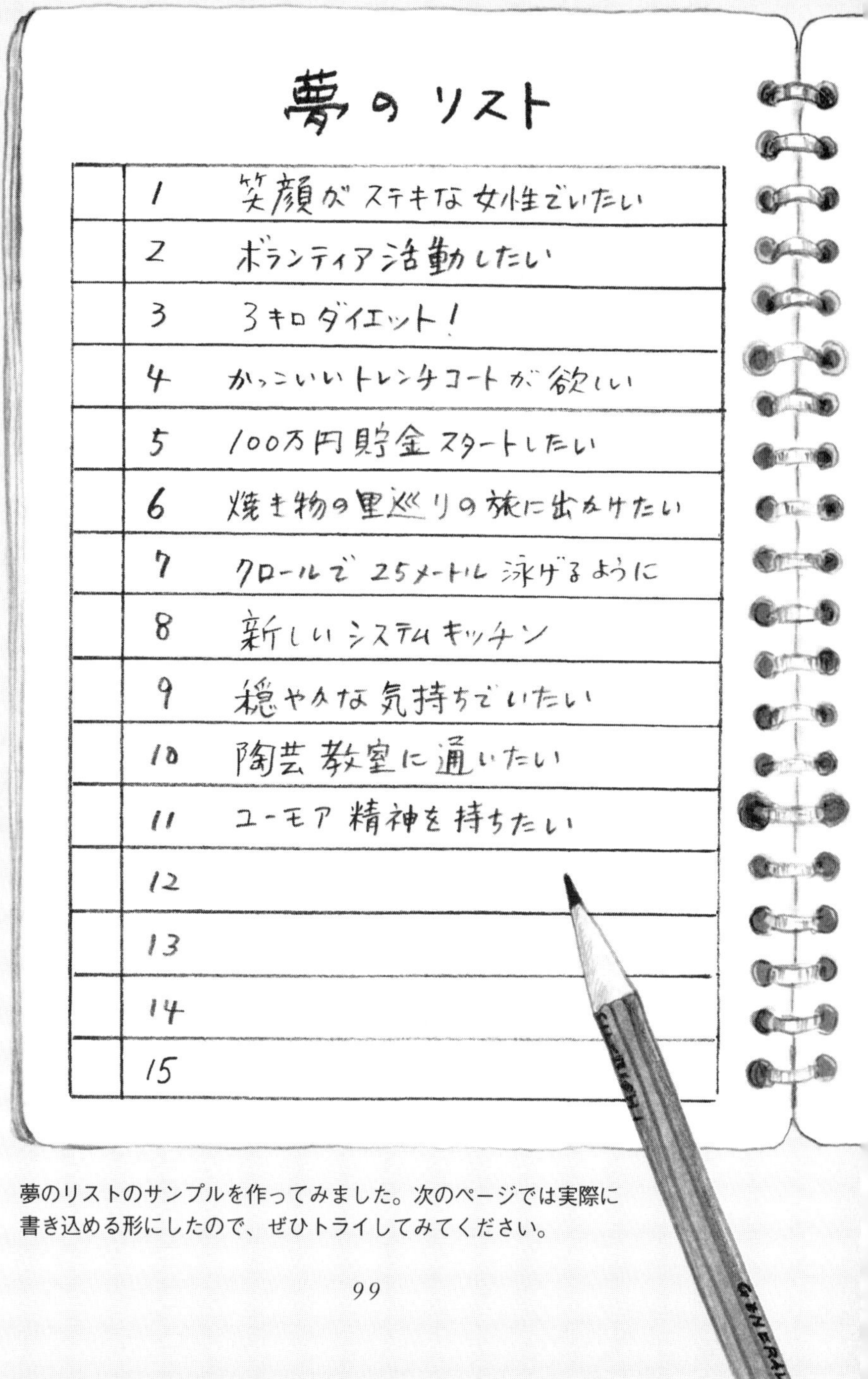
夢のリスト
1 笑顔がステキな女性でいたい
2 ボランティア活動したい
3 3キロダイエット！
4 かっこいいトレンチコートが欲しい
5 100万円貯金スタートしたい
6 焼き物の里巡りの旅に出かけたい
7 クロールで25メートル泳げるように
8 新しいシステムキッチン
9 穏やかな気持ちでいたい
10 陶芸教室に通いたい
11 ユーモア精神を持ちたい
12
13
14
15

夢のリストのサンプルを作ってみました。次のページでは実際に書き込める形にしたので、ぜひトライしてみてください。

Be quick, but don't hurry.

	16
	17
	18
	19
	20
	21
	22
	23
	24
	25
	26
	27
	28
	29
	30

夢のリスト

	1	
	2	
	3	
	4	
	5	
	6	
	7	
	8	
	9	
	10	
	11	
	12	
	13	
	14	
	15	

3 定期的に読み返し、かなった印をつける

リストについて、忘れてはならないことがあとふたつあります。

⑦書き足す時以外にも定期的に読み返す
⑧かなっていた夢にかなった印をつける

⑦に関してはリストを作っても、見返さないと「夢がかなったか」が未確認のまま、というのがひとつの理由です。それ以上に「何度も自分の字で書いた自分の夢を見ることで、しっかりインプットされる」ということなのです。ここは文字のポイントを倍にしたいくらい大切なところ。

書いたら読む、開いたら見る。その習慣こそが「夢ノート」が「夢がかなうノート」になりうる最も肝心な点なのです。

そして⑧も絶対に欠かせない作業です。かなった印は自分の好きな形でいいでしょう。例えば、ハート、星、スマイルマークなどの中から、グッとくるものを選んでください。

この手のマークなら、手描きでもいけますが、シールやスタンプなどなら、より「かなった感」が増すことでしょう。

大人の私たちも「もういちど」無邪気な女子力を取り戻してみましょう。何せ自分以外は見ない秘密のノートなんですから！

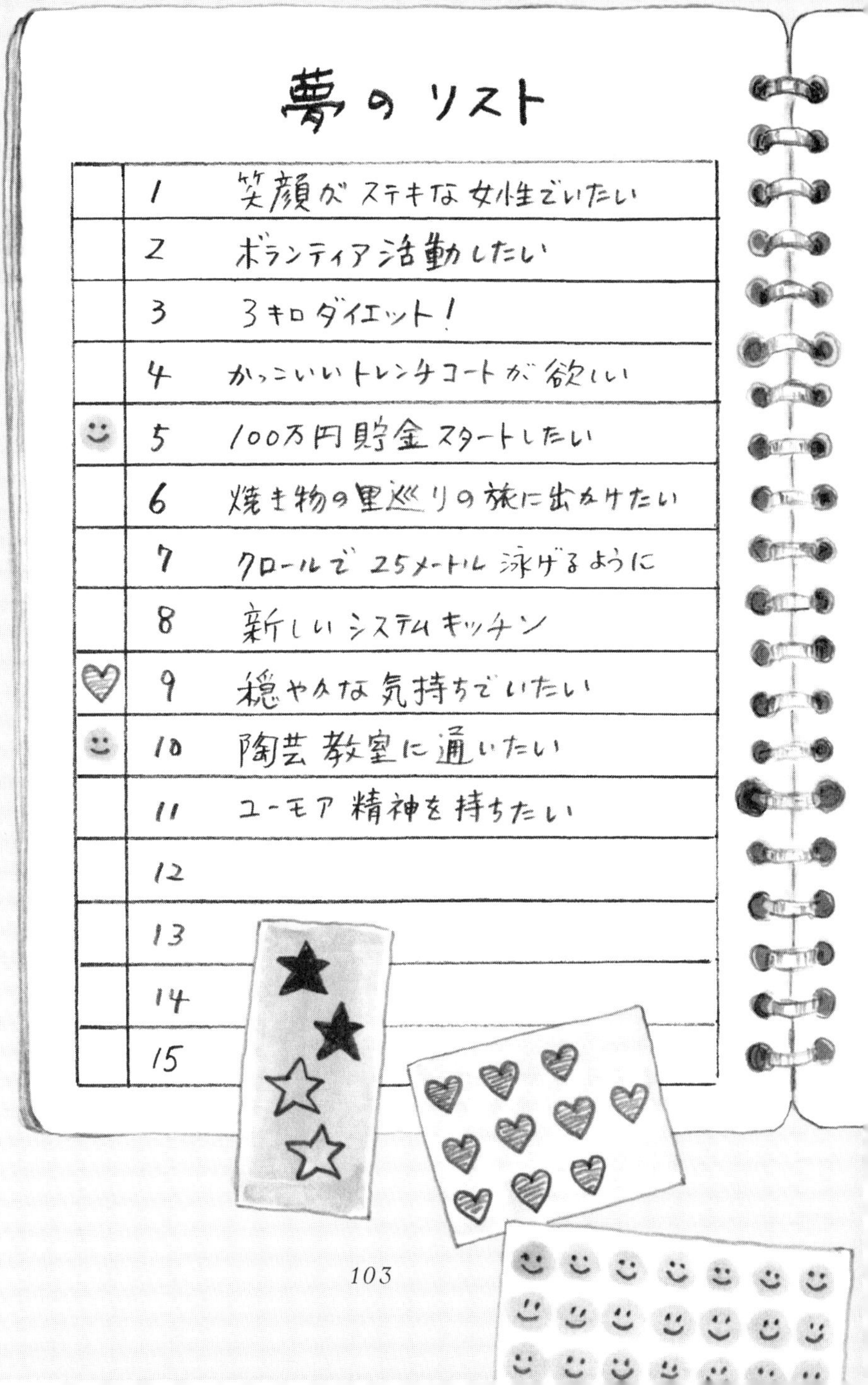
夢のリスト
1 笑顔がステキな女性でいたい
2 ボランティア活動したい
3 3キロダイエット!
4 かっこいいトレンチコートが欲しい
5 100万円貯金スタートしたい
6 焼き物の里巡りの旅に出かけたい
7 クロールで25メートル泳げるように
8 新しいシステムキッチン
9 穏やかな気持ちでいたい
10 陶芸教室に通いたい
11 ユーモア精神を持ちたい
12
13
14
15

4「もの」「こと」「こころ」に分類してみる

夢のリストを充実させていく作業と並行して、夢をみっつの種類に分けてみましょう。

すでに夢のひとつの分け方として、「芋的夢」と「葉的夢」という考え方を提案しましたが、ここでは「もの」「こと」「こころ」に分類してみることにします。

リストは思いついた順に書き出していくので、色々な種類の夢が混在しています。

ここではそれを整理して、例えばリストの「トレンチコートが欲しい」は「もの」、「焼き物の里巡りの旅に出かけたい」は「こと」、「穏やかな気持ちでいたい」は「こころ」というように分けてみるのです。

すると、興味深い事実が判明します。

ある人は「今の私は『もの寄り』の夢が多いんだ」。またある人は「性格や考え方を変えたいという『こころ系』の夢が大半」。またまたある人は「コートが欲しいのは、旅に着ていきたいからなのか」というように。

ページの入れ替えがしやすいバインダー式ならではのメリットもあり、「もの」「こと」「こころ」に分けることで、より「夢をかなえる具体的なアプローチ」がしやすくなるのです。

先の夢のリストを分類してみると……

「もの」に分類

	1	かっこいいトレンチコートが欲しい
	2	100万円貯金スタートしたい
	3	新しいシステムキッチン

「こと」に分類

	1	ボランティア活動したい
	2	3キロダイエット!
	3	焼き物の里巡りの旅に出かけたい
	4	クロールで25メートル泳げるように
	5	陶芸教室に通いたい

「こころ」に分類

	1	笑顔がステキな女性でいたい
	2	穏やかな気持ちでいたい
	3	ユーモア精神を持ちたい

5 「夢の視覚化」のためのビジュアル部門

column2でご紹介した『私はやる』で知った「夢の視覚化」こそ、夢ノートの効果をより強力にするものです。

そして、この作業は楽しい！

ここは、もっと大きな字で書きたいほど大切で、肝心なことです。

これまでの「夢活」の中で集めてきた、素敵な写真や資料の数々はクリアファイルに入れてきました。

クリアファイルの中身を一枚一枚眺めているだけでも充分に楽しいし、夢の視覚化に結びついていくのですが、よりしっかりした視覚化のため、このバインダー式の夢ノートには、独立したビジュアル部門を設けることにしているのです。

クリアファイルを入れている箱には、ハサミと糊も一緒に入れてあります。

①必要なところだけを切り取って、ノートの上に置いてみる。

②同じページに貼れるものがあったら、それも同時に置いてみる。

③いい感じにレイアウトできたら、糊で貼る。

④必要な情報は、サインペンで書き込む。

⑤できあがったページをうっとり眺める。

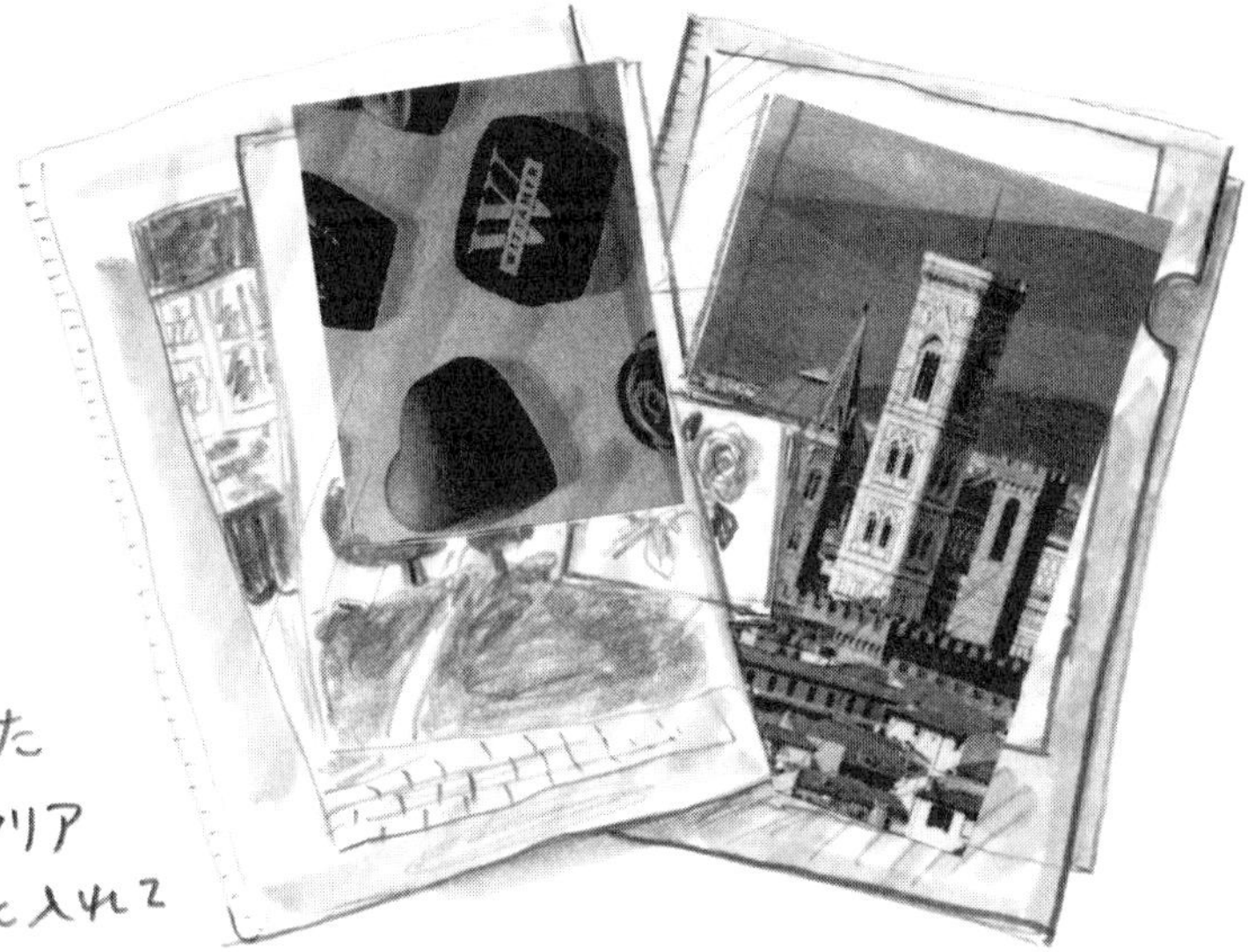

最初は
気に入った
写真をクリア
ファイルに入れて
おくだけ

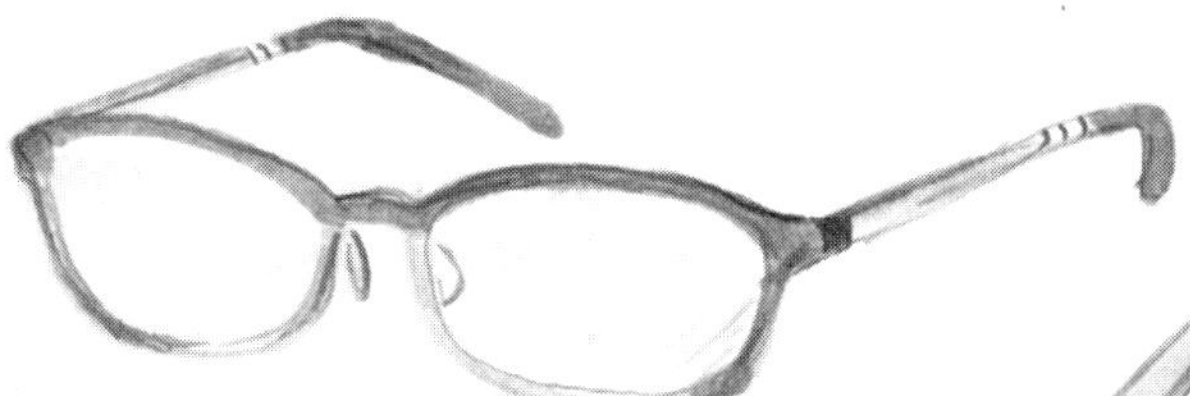

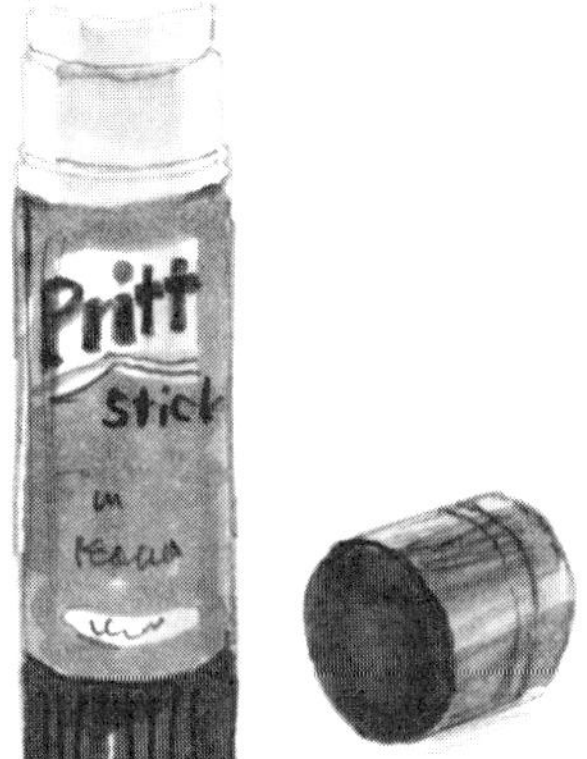

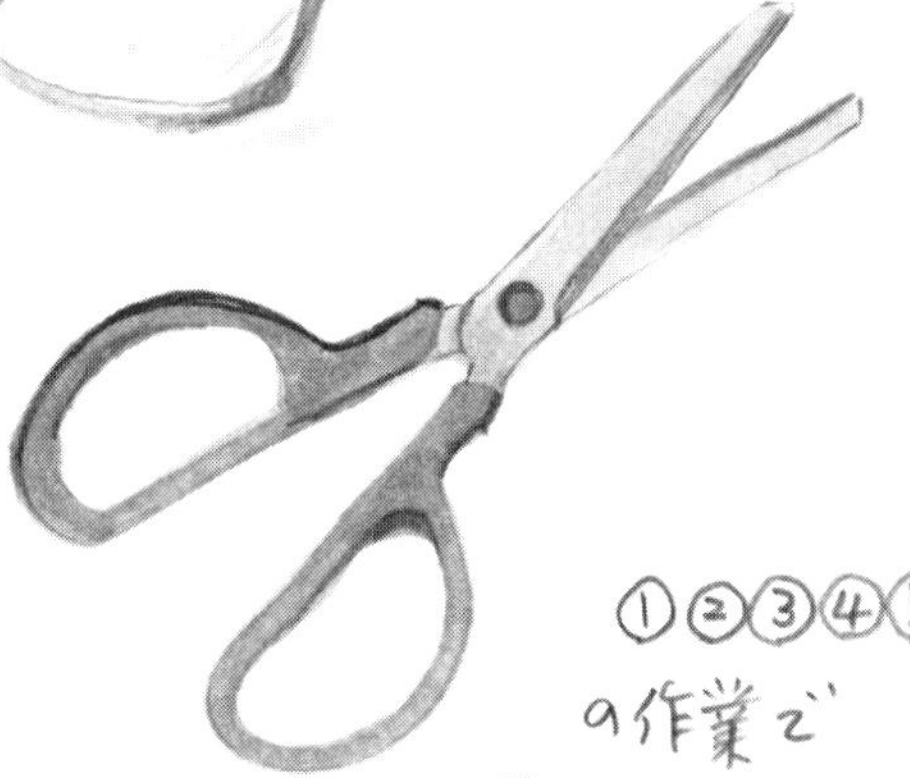

①②③④⑤
の作業で
「夢の視覚化」
完了！

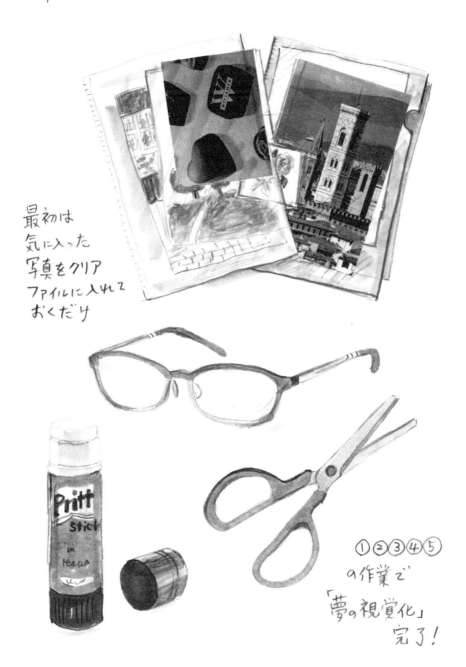

6 葉的「もの」スクラップ

　ここからは、せっかく「もの」や「こと」に分けた夢をどんなふうに視覚化していくのか、より具体的に説明したいと思います。

　まずは、比較的手に入れやすい葉的「もの」の夢から作っていきましょう。

　この場合の葉的「もの」とは、自分の生活の中に取り入れやすい、値段的にも何とか頑張れば手に入れられそう……という緩い基準で選んだものです。

　しかし雑誌やカタログ、フリーペーパーなどでこれ！　と思った葉的「もの」の中でも、切り抜いたあとも色あせず「素敵！　欲しいな！　うっとり」が続いていることが大切。

「このシャツ、何で取っておいたか分からない」という場合は、即処分してオッケーです。ここでも、ちゃんと「物欲」の選別がなされ、リアルな買い物シーンでも、この経験は生かされます。

　というわけで、本当に欲しいものを選び出して、スクラップする作業は、衝動買いや無駄遣い防止にも一役買ってくれるのです。

　そして、この段階で勝ち残れば、それはもうあなたの夢ノートに住む権利がある「もの」たちなのです。

P.106の手順で行った葉的「もの」のスクラップの例をご紹介します。
とても楽しい作業なので、何ページでも作ってみてください。

7 芋的「もの」スクラップ

同じ「もの」でも手に入れるのが難しそうな場合は、こちらに分類されます。

最も芋的な「もの」の代表は、住みたい家かもしれません。私自身、同じ芋的「もの」の夢でも高価な装身具などには心惹かれる方ではなかったけれど、住んでみたい家や部屋については、かなり具体的な夢を持っていたので、それだけで一冊分くらいの資料が集まりました。

そしてこれは夢のスクラップブックなので、どうせなら実際の予算とか部屋の広さなどは考えず、本当に「その写真」を見ているだけで、幸せな気分になれるものを「夢ノート」に貼っていくことにしました。

この作業をしている時の楽しさったらなかったです。

不思議なことに、切ったり貼ったりしているうちに、「これは写真で見るだけで充分満足」なものと「こっちはぜひ同じようなものを手に入れたい」ものという分類が自然にできて、自分の（小さな）お城のインテリアのイメージが、かなり明確になりました。

まさに「夢の視覚化」ができたということです。

住んでみたい家
シンプルだけど
どこか
ぬくもりを
感じるのが
いいな♥
Mercero ペンダントライト
(色・ウォルナット)
¥14.360-
一目惚れしたソファ
お城に置きたいです

芋的「もの」の代表、憧れのマイホームのページです。
このようなビジュアルを眺めていれば、かなう率は格段に上がります。

8 葉的「こと」スクラップ

葉的「こと」のスクラップは、始めたいカルチャー、興味ある人、イベントや旅などに関することが楽しいと思います。

特に旅の場合は、資料も集めやすく、最終的にはページそのものが実際に旅のガイドブックの役割をしてくれることにもなり、とても有意義なスクラップだと言えるでしょう。

また、自分が応援するミュージシャンやアーティスト、俳優さんなどのページを作ってみるのもとても楽しいです。

以前、私の本を読んで「夢のスクラップ帳」を作っているという方に会う機会があったのですが、彼女はそのスクラップがきっかけで、応援していた漫画家さん本人と知り合うことができた！　と。

その実物を私にも見せてくれたのですが、漫画家さんの直筆「ありがとう！」とサインが！　こうなると、葉的「こと」の夢から、芋的「こと」の夢に昇格させてもいいくらいのラッキー&ハッピーです。

いずれにせよ、「もの」に比べると、そのままにしておいたら「形を成さない」場合も多い「こと」に関する夢も、視覚化することで実現率が上がるのです。

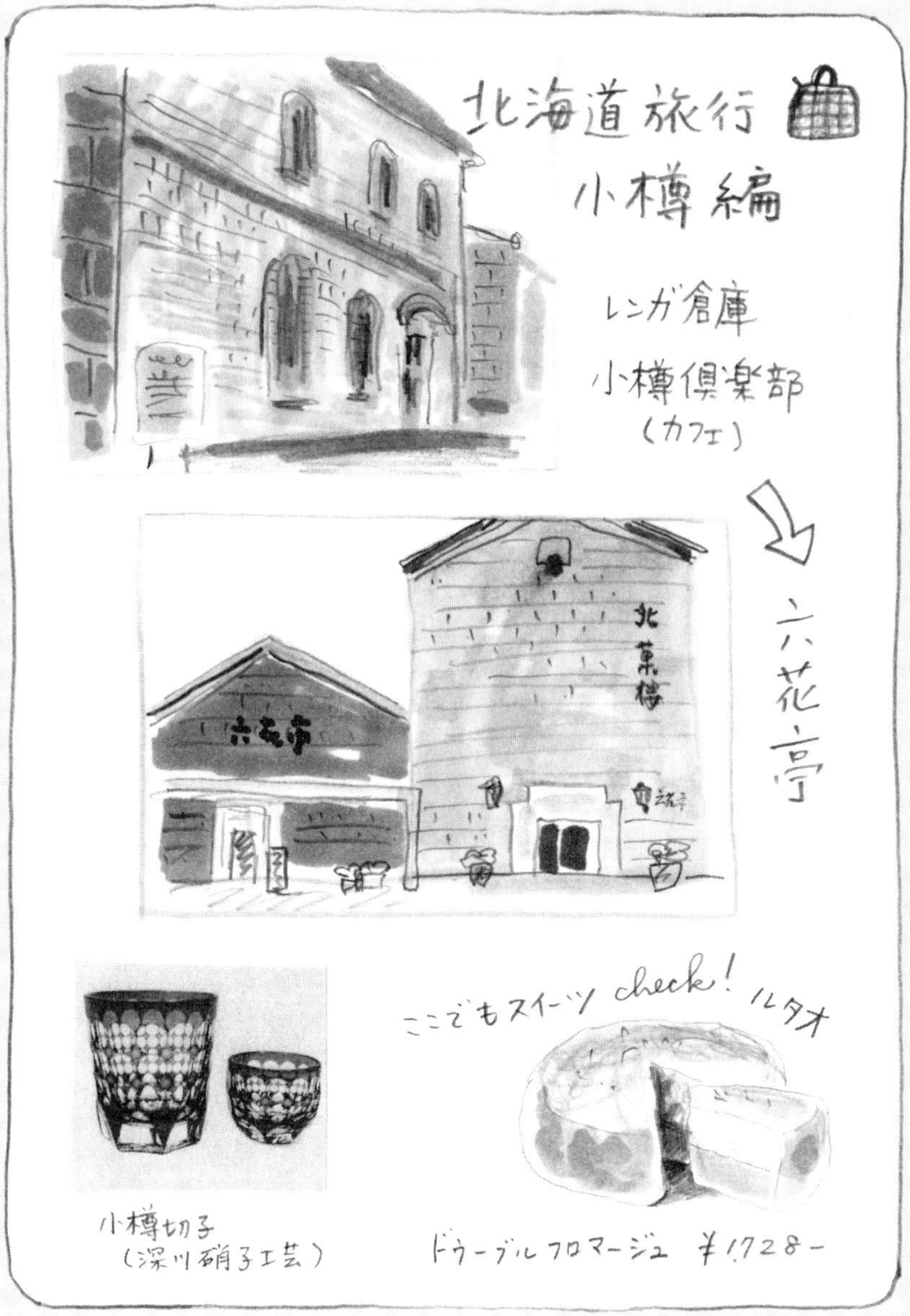

旅行で行ってみたいところをビジュアル化。
バインダー式なので、そのページだけ旅に持って行くこともできます。

9 芋的「こと」スクラップ

芋的「こと」の夢の代表格は、これからの自分の役割、キャリアや仕事に関することではないかと思います。

この本を書くことが決まった時、最初に「これからの人生で自分がこのような形で役立ちたいという夢を諦めて欲しくない！ 応援したい！」と思いました。

それから、この芋的「こと」スクラップのページに至るまで、いつでも「煮込むのに時間がかかっても、応援したい！」という思いは変わらなかったのです。

例えば「趣味を仕事にするなんて、甘い」と誰かに言われたとしたらそれは、その人がもう夢を諦めてしまった人だからです。

自分は諦めたのに、まだトライしようとしている人の存在は脅威だから。

「甘い夢で結構！」じゃないですか。

夢がない人生より、ずーっと楽しいです。

憧れの仕事をしている人のインタビュー記事を貼ってもいいし、身近な人なら自分が記者になって、インタビューしてくればいいのです。その人とのツーショット写真を貼ったりすれば、ますます「夢活」意欲が湧くでしょう。

今、私が一番関心があるのは、ブックカフェです。
本とコーヒーが一緒に楽しめる空間を提供するのは、芋的夢と言えるでしょう。

10 「こころ」には言葉の書き抜き帳

みっつに分類した「こころ」に関する夢について は、言葉の持つチカラを大いに利用して、こうありたい自分の気持ちや心構えなどを強化していきましょう。

この際にも、記者になって取材する姿勢が大いに役立ちます。

今までより、「こころ」に関するアンテナの精度を上げて、背筋がピンと伸びる言葉やより柔軟な考えになる一文、大胆な発想などをキャッチできるようにするのです。

それまでは、何となーく見ていた新聞、雑誌、広告などなど。

ストーリーを追うことはしたけれど、主人公のセリフや作者の意図までは深く読みこんでいなかった本の数々。

何気なく口ずさんでいたけれど、実は何度も励まされていた歌のフレーズなど、身近にありながら、素通りしたり気づかずにいた「言葉の宝物」を収集してみましょう。そうすることで、より素敵で深みのある「大人女子」になれる気がします。

不思議なことに、活字で書かれた言葉を「自分の字」で書き起こすと、より「こころ」に染みてくるのです。

いい言葉が「呼び水」に
なって「こころ」を潤し
夢のきっかけまで
導いてくれるのです

まずは、身の回りにある言葉たちと、もう一度向き合ってみてください。

時間がない時には「これって、すごくいい」と思ったところに、付箋を貼っておいてください。

そして、休日の朝の「夢活時間」などを活用して、「夢ノート」の「こころ」の欄に、言葉を書き写してみてください。

なんとまあ、充実した素晴らしい時間でしょうか。

そして、香り豊かなコーヒーを飲みながら自分の字で書き写したページをゆっくりと読み直してみてください。

11 本から書き抜く

「私は紙が大好きなのだ。
物を書くのは、毎日、紙にさわることができるからだ。」
田辺聖子《たなべせいこ》『猫なで日記』（集英社）より

この文章を見つけた時の、嬉しさは今でもよく覚えています。まさに私自身、紙が好きすぎて、物を書いている人間だから。

本来、女性は「共感力」が優れていると言われています。本を読んでいて「あるある」「そうそう」「そうでなくちゃ」という気持ちになった時、私はもう無造作に次のページに進む、なんて到底できないのです。

とは言え、続きを読みたい。それで、先にお話ししたように付箋が登場するのです。そして、無事に書き抜きが済むまでは、付箋を剝がすことはありません。

文庫など余白があまりないのに、付箋の数が多かったり、途中で読み返す可能性が高い本の場合には、半透明の付箋（上に少しだけ色がついている）を使用しています。

そして、いよいよ書き抜く。

紙（本）に触りながら、紙（ノート）に書く。最高に幸せな瞬間です！

書き抜いた言葉たち

心の空洞をごまかして、もので埋めようと
するのはやめよう。
たくさん持つことが幸せだと思うのもやめよう。

友情は＜心の安全ネット＞
平凡がいちばん非凡　『スイートな生活』より

名言あれこれ

- 今日のひとつは明日のふたつに勝る。＜フランクリン＞
- 夢が見られるなら実現できます。＜ウォルト・ディズニー＞
- 心の中に夢をしまっておく場所をあけておけ＜キング牧師＞
- 私が若かりしころ、10のことを試しても
  9つがうまくいかないことがわかった。
  そこで10倍努力した　＜バーナード・ショー＞
- あきらめない奴には、勝てないよ＜ベーブ・ルース＞
- 確実に年を重ねるごとに、顔は自分自身を
  表わす伝記になる　＜シンシア・オジック＞

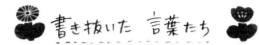

12

雑誌から書き＆切り抜く

「もの」や「こと」の視覚化にも大いに役立ってくれた雑誌ですが、まだまだ重要な仕事が残っています。

それは、特集や、インタビュー記事の見出し、広告のキャッチコピーから、ポジティブで「夢活」にピッタリの言葉を見つけ、切り抜き、ノートに貼ることです。

特に、私が注目しているのが化粧品のキャッチコピー。例えば「年令のせいにするのはやめました」という、ある化粧品のコピーをいつも購読していた女性誌で見つけた時は、その場で広告ページをカッターでシューッと切り離したのでした。

私にとっては、その下に大きく載っている化粧品の本体の写真は（申し訳ないけれど）いらないので、コピーのみハサミで切ってノートにペタリ！

本は好きなフレーズがあっても切れないけれど、雑誌ならそれができる！

とは言え、最新号などすぐ切ってしまうのはもったいない場合は、付箋を貼っておきましょう。

雑誌は「夢の宝庫」、写真だけでなく、言葉にもアンテナを張り巡らせてください。

私が雑誌でお話ししたことを切り貼りしてみました！（今よりちょっと若い写真です）

まずは夢を100個リストアップして書いてみる

育児が終わったら、育自を楽しんで

たまには自分へのご褒美に、心の贅沢を

カラフルカラーを楽しみながら幸せ気分を呼び込もう♪

視覚化すれば、夢はかなう！

「先手必勝感謝法」

Point

元気が出るひと言を書く！

「お福分け」を忘れない

内祝いや記念品などは、昔からあった「お福分け」ですが、例えば旅のお土産もそうだし、旅先からの便りだって、ある意味で「お福分け」。友人のTさんは、よく滞在先から現地のきれいな切手を貼った手紙を送ってくれて、そのちょっと日記風の手紙は、彼女の旅先での嬉しさをいつも私に分けてくれるのです。「お福分け」で周りの人たちと喜びを分かち合っていける、こんなに幸せなことはそうありません。

中山庸子　なかやま ようこ／エッセイスト

こちらから「いい笑顔」を見せる

「いい笑顔」は、「いい縁」を作るための接着剤の役割をします。

13

映画やテレビからも見つかる

本などから入ってくる言葉だけでなく、映像から珠玉の言葉を見つけることもできます。

洋画の場合は、字幕になるので、原語とニュアンスが変わりますが、それはそれで味わいがあります。

実は、映画の字幕を入れる作業を取材したことがあるのですが、限られた文字数を最も効果的なタイミングで入れていく「技」に惚れ惚れしました。オリジナルのセリフへのリスペクトなくして、字幕は存在しないのでしょう。

今はレンタルして観ることが多い映画ですが、迫力的には映画館にかなわないものの「一時停止」できるため、言葉の収集には便利という一面があります。

そんな中、何とか映画館に行けた場合は極力パンフレットを買うようにしています。皆が協力し合って「夢を形にしていく」プロセスやメッセージが載っている大切な資料です。「夢を形にしていく」、テレビのドキュメンタリーも素晴らしいと思います。

共感したことを忘れないうちに「夢ノート」にメモしておけば、「こころの栄養」になるでしょう。

鞄が開くと、中から写真や記事が出てくるおしゃれなデザインのパンフレット。
フィンランドの首都、ヘルシンキで夢をかなえたサチエさんの料理、最高です。

スクラップお試しコーナー

14 いつ、どこで「夢ノート」を作る?

「夢ノート」を広げる夢活時間については、step.3でもお話ししましたが、ひとつは空気の清々しい朝の時間です。

何より、まだ体も心もまっさらで「いいもの」を受け取りやすい状態にありますから、何をしても効果が上がります。

ということなので、「夢ノート」を広げるのに最適な時間と言えるのです。

私が最も集中して「夢ノート」を作れるのは、早朝・ひとり・休日・雨の四点セットが揃った時間。

あっ、あと締め切りが迫っていると、むかーしテスト勉強しなくてはならない時に限って、スクラップしたり引き出しの整理をしたくなった時と同じような気分になるので、けっこう「夢ノート」を広げてしまいます。

あー、今の原稿が済んだら、半日ひとり旅したいな。渋谷のザ・ミュージアムでやってるくまのパディントン展も見に行きたい、ついでに本を大人買い。

これらは、締め切りさえクリアすれば、そんなに難しくない葉的夢なので、リストに書いておけば、すぐにかなったシールが貼れそうです。

そして、寝る前も「夢ノート」を広げるのにいい時間。

もう今日は働かなくていいから、心おきなくページを広げられます。

私の場合は、この時間帯にはまず夢のリストを見直して、箱の中からかなったシールを取り出し、かなった夢の欄に（喜びと感謝をこめて）貼ります。

あとはビジュアルページを眺めながら「睡眠中に、おしゃれな家や素敵な旅の夢を見られますように」と軽めに念じ、就寝時間に移行するのです。

枕元に「夢ノート」を置いて寝れば、次の朝の夢活時間とそのままつながって、より効果も上がるし、気持ちも明るくなります。

書く場所は、私の場合は窓辺の折り畳み式机が定位置なのですが、テラスとかベランダなど木々や空と近い場所も「夢活」効果がありそう。

無理なく、自分のライフスタイルの中に取り入れていってください！

15 「夢ノート」を長く続けるコツは？

「長く続けるコツは何？」

それは「最初から、長く続けようと思わないこと！」。

ちょっと禅問答のようになってしまいましたが、要は「夢ノート」を義務と考えないという意味。

強いて言えば「つける権利はあるけれど、つける義務は発生しないノートだから」なのです。

私自身、結果として「夢ノート」を作ることを長く続けてきたけれど、それは結果にすぎなくて、最初から「二十年続けること」などと考えていたら、プレッシャーでとっくにやめていたでしょう。

実際、どうしても「夢ノート」を開く気分になれなくて、何か月も放っておく時だってあるのです。ただ、そういう場合もその存在を忘れてしまわないよう、身近な場所に置いておくようにはしていました。

引き出しの奥の方にしまっておいたとしたら、そこは「夢ノート」にとって忘れ去られるかもしれない危険地帯なので、せめて引き出しの手前の方に。

今は、寝る時には枕元近辺、作業する時は

机、そして普段は一番手にすることが多いお気に入り本たちと同じ棚に並べています。忘れてしまわないような工夫はするけれど、続けることを自分に強いない。

そして「夢ノート」なしで過ごす自分も味わいつつ、やはり「夢ノート」が心の拠り所として必要だと自分自身が再認識したら、また手に取ればいいのです。

しばらくチェックもせずに「寝かしておいた」せいか、リストに書いた夢がいくつもかなっている！　という嬉しい体験だってできます。

忙しい時には無理せず、ほどほどに付き合ってあげればいいのです。

例えば、親友と言える相手とは、久々に会ったとしてもすぐに前と同じように心から打ち解けられ、お喋りが弾みます。

「夢ノート」もそれと同じ。

親友も、「夢友達」と同義語のようなものですが、「夢ノート」も「夢友達」と呼んでいい存在。

だから、自然に長続きするので安心して付き合っていってください。

column

おススメ本・その6

ヒュッゲという言葉を知っていますか？

綴りはHygge、デンマークやノルウェーの「居心地のよい雰囲気」というニュアンスの言葉です。他に「仲間との絆」や「思いやり」も意味するそうです。

この本との出会いは、娘がこの本の日本版のデザインをしていた時のこと。

素敵な景色やインテリア、おいしそうな料理の画像が彼女のパソコンからチラリと見えたので「えっ、ナニナニどんな本作ってるの？」と、質問した次第です。

そこで初めてヒュッゲというちょっと耳新しい、でも何となく惹かれる言葉を知って、この本が完成するのを心待ちにしていたのです。

ヒュッゲな暮らしに欠かせないこと。

○自然からの恵みに感謝する

○いつでもどこでもアクティブに

○暮らし方、考え方はシンプルに

○他の人とわけあう気持ちを大事に

○自分と向き合う時間も大事にする

○今を大切に、楽しむ時はとことん楽しむ

○食べたいものをバランスもとって食べる

そして、ヒュッゲな暮らしはどこでもできる！　という著者の言葉に大いに共感したのでした。

『北欧が教えてくれた、
「ヒュッゲ」な暮らしの秘密』
シグナ・ヨハンセン著／
日本文芸社

epilogue

もういちど見る夢が毎日を充実させる

1 頑張った自分にトロフィー

突然ですが、あなたはトロフィーを持ってますか？

残念ながら、私はずっと昔に賞状をもらった記憶があるくらいで、トロフィーのような晴れがましさの象徴のようなものは、一度ももらったことがないのです。

でも、ここまでそれなりに頑張ってきたし、もういちど夢をかなえる自分を励ます意味でも、ちょっと自分にトロフィーを贈呈してみたい気持ちになりました。

そういう時は、やっぱりネットが便利です。

ショッピングサイトでトロフィーを調べてみると、まぁ色々な種類があることにビックリ！　でした。

私は普段、ネットショッピングをしないで「店で買う派」なのですが、今回ばかりは「ゴルフコンペ」の幹事でもないし、さすがにトロフィーをレジに持ってくのは勇気がいるな、と。

小型のオーソドックスなカップ型トロフィーは千円くらいからあるし、クリスタルのカップでも五千円以内。他にも「いいね」の形のクリスタルトロフィーと金メダルのセットがあったりで、ついつい見入ってしまいました。

実際にはまだ、ポチッをしていません。ここで注文できると分かって、ちょっと安心できたからです。

また、ポチッの前にもうひとつしたいことがあります。それは「夢ノート」に貼れるサイズのトロフィーや金メダルのシールをさがすこと。

星や王冠シールは持っているけれど、トロフィーまでは考えていなかったので、こちらのゲットを優先させるつもりです。

いずれにせよ、ご褒美レベルでなく、自分を称賛する段階まで来た！　と思えたら、自分のセンスに合った「夢達成トロフィー」を贈ってあげましょう。

2 より快適に、自由に楽しんで

ヒュッゲを知ったおかげで、自分の夢に対するアプローチの仕方が、だいぶ見えてきた気がしました。

物ごとを複雑にしすぎないで、自然の歩みに従う。

私たちもまた、自然の中の一員ですから、室内だけでなく野外ももっと積極的に活用し、満喫する。

そして、とても新鮮で、かつ本来はこっちだったんじゃないか……という考え方に出会え、嬉しかったのです。

それは「北欧における体の価値」ということ。

厳しい環境の中で求められる体は、スタイルうんぬんでなく「生きる力」があること。強い肉体です。

自分の体がどう見えるかばかり気にしている「今の日本の状態」は、アンチヒュッゲと言えるでしょう。

今の心も体も否定せず、より自由に楽しんで、結果として「健全で引き締まった体」になれたら、それこそトロフィーものです。

そして、より快適に過ごすために、ささやかなことから質の高い暮らしを目指し、できることは自分でする、自分で作れそうなら作ってみる！　という気持ちを持ちたいと思います。

これからの豊かさや幸せは、とってもシンプルなところで育ち、実をつけるものだろうと、改めて感じている今日この頃なのです。

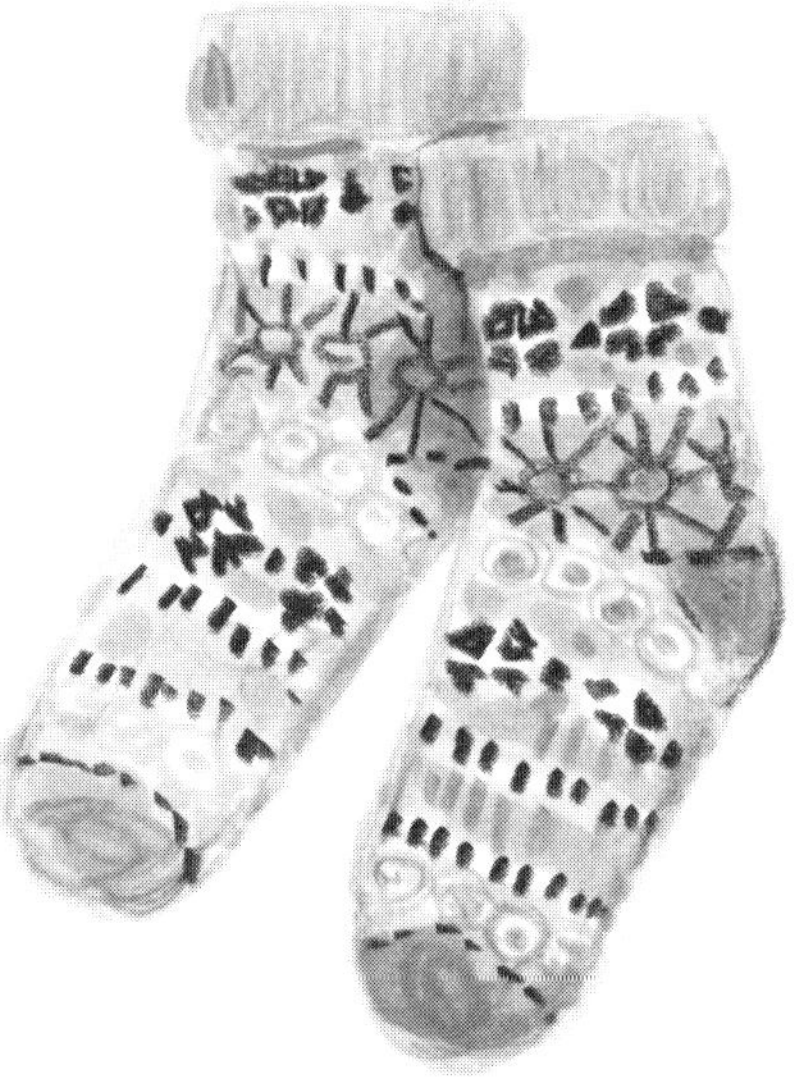

3 自分の内にあるパワーを信じていい

一週間ほど前、自転車を漕いでの買い物帰り、自宅近くの坂道を一気にのぼり切れた自分に、ちょっと驚いたのでした。

二年くらい前から、その坂をのぼる時には最初から自転車を降りて押していたのです。確か息切れがして、坂の真ん中あたりで「しんどいなぁ」と降りたのがきっかけ。

それ以降、あんな急坂を自転車でのぼるのはもうムリかと思って、諦めていたのでした。

なのに、何でのぼれたのか。

それは、楽しい用事（母と久々に明治座にお芝居を観に行く）の時間が迫っていて、とにかく急いでいたせいでした。

いつも自転車を降りていたことも忘れて、立ち漕ぎでのぼれてしまった自分のことがちょっと面白く、また誇らしかったです。

これは、単純な例ですが、自分の内に（まだ）あるパワーを信じていいんじゃないか、と思った瞬間でもありました。

夢中になっている時は、年齢なんて関係ありません。

夢中になれるものがある限り、自分の内にあるパワーは枯れることがない！　そう信じて、これからも元気に「夢活」していきましょう。

4 次の世代に継続していく幸せな夢を

この本も、いよいよラストが近づいてきました。

そこで、言い足りなかったことがないかなと、この本を書くために使っていたメモ帳を読み直してみたのです。

すると、たくさんの糸偏の漢字ばかりがパラパラと書かれたページがあったのに気づきました。

紙、純、絵、結、紡、絆、縁、縫、織、繕、そして継と続……。

どれも私が好きな、糸偏の漢字です。

紙に夢の絵を描く。

絆を感じ、縁を結ぶ。

着物を縫い、ほころびを繕う。（あっ、ほころびも糸偏、綻びでした）。

どの糸偏の漢字にも、魅力を感じます。

つながっていく、色とりどりの糸。

私たちが「もういちど見る夢」は、私たちで終わりなのではなく、次の世代に「継続」していく幸せな夢でもあります。

みんなが楽しく自分らしく暮らせる夢を日々紡ぎ、もういちど織り上げていきたいと思います。

そして今日の最後の「夢活」として、メモ帳に書き散らしてあった糸偏の文字を「夢ノート」にきちんと清書し、枕元に置くことにしました。

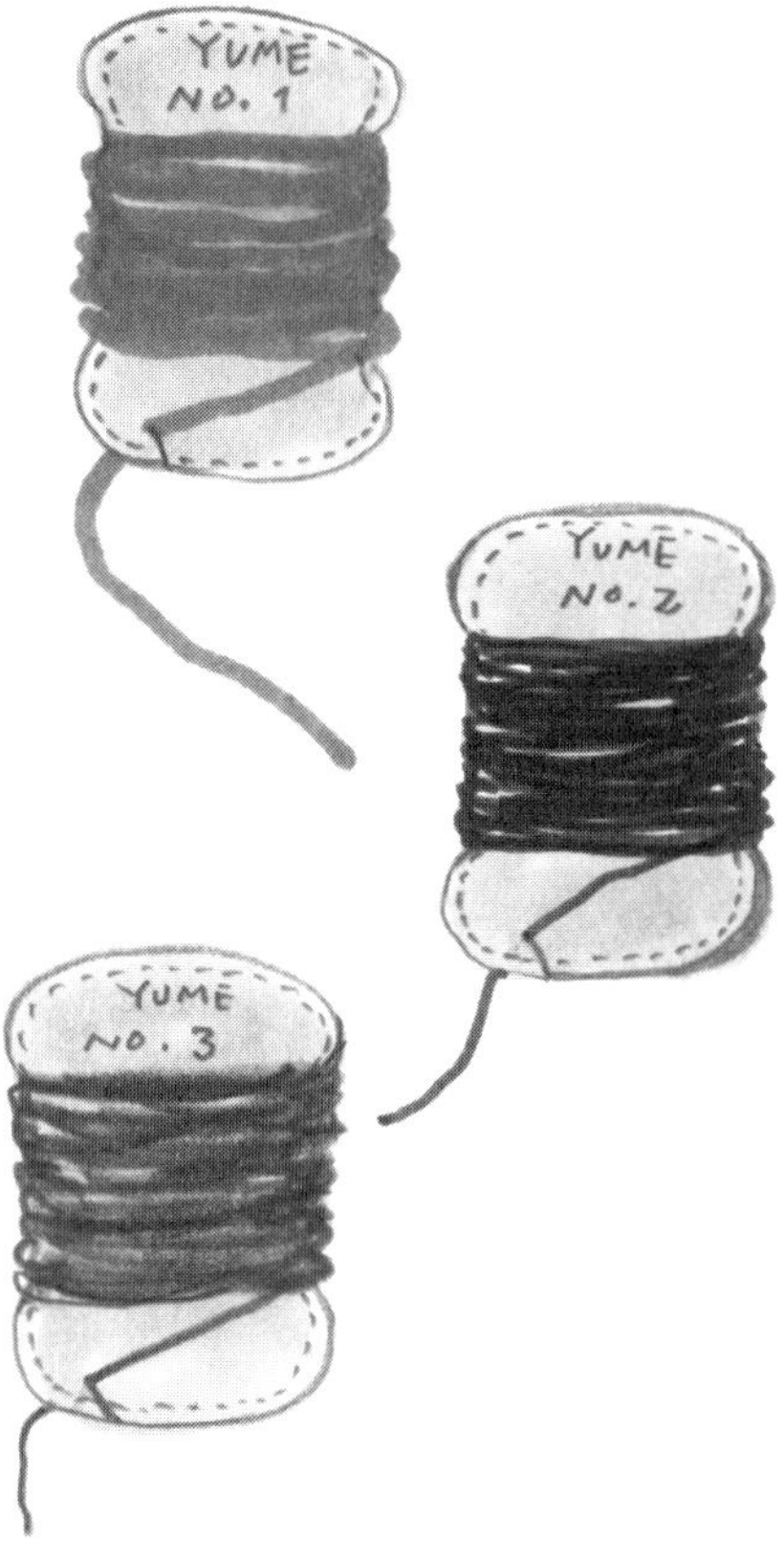

おわりに

これからも「色とりどりの夢」を かなえていきましょう！

最後までお読みいただき、ありがとうございました。

今回は、とても幸運な「出会い」、まさに糸偏の「ご縁」があって、この本が誕生する運びになったので、いつも以上に感慨深く「おわりに」を書いています。

おススメ本でもご紹介した創元社のロングセラー『信念をつらぬく』（現在のタイトルは『私はやる』）との出会いは、私の人生を変えた出来事でした。

あまりにも何度も読み返したので、引かれたラインは数知れず。また当時通勤に使っていたバッグにすっぽり入るよう、カッターで周りをカットし、仕上げに小花模様の布で表紙を包んだのでした。

以来、いつでも私の近くにこの本があります。すでにお守りに近い存在になっているのです。

そのお守りに近い本を、創元社のエグゼクティブチーフエディターの渡辺明美さんに見ていただくことができました。そして仲介の労も取ってくださった編集者の林聡子さん、デザインを受け持ってくれた娘の詳子と四人でこの本の打ち合わせをした際、皆が一斉に「カバーには色とりどりの花をあしらいましょう」と。

そんな幸せな空気が、花たちに彩られたこの本の周りには漂っているような気がするのです。私たちの夢も、色とりどりの花と同じように、それぞれの夢らしい色合いといい香りを持っていると思います。

そうそう、そんな「夢の花」を小さなブーケにしても素敵！　と思い、裏表紙に描いてみました。

これからも「色とりどりの夢」をかなえていきましょう！

あなたの「もういちど夢をかなえる旅」には、まだまだ楽しいこと、心弾む出来事がたくさん待っているのです。

中山庸子

中山庸子（なかやま・ようこ）

エッセイスト・イラストレーター。

1953年、群馬県生まれ。女子美術大学、セツ・モードセミナー卒業。群馬県立の女子高校の美術教師を勤めた後、37歳で退職し、長年の夢だったイラストレーターとしての活動を始める。42歳で、自身の夢をかなえてきた経験を綴った『夢ノート』シリーズを上梓し、以来エッセイストとしても活躍を続けている。夢実現のヒントをはじめ、心地よい暮らしのための提案や、独自の視点から名画の魅力を紹介するなど幅広いジャンルの本を著わし、多くの女性から熱烈な支持を集めている。

著書に『ありがとうノートのつくり方 その時のために残すメモ帳』（さくら舎）、『書き込み式 わたしの取扱説明書ノート』（原書房）、『50歳からのお楽しみ生活』（海竜社）など多数ある。

もういちど夢《ゆめ》をかなえるヒント
平凡《へいぼん》な毎日《まいにち》が輝《かがや》き出《だ》す！

2018年7月10日　第1版第1刷発行

著　者　中山庸子
発行者　矢部敬一
発行所　株式会社　創元社
本　社　〒541-0047 大阪市中央区淡路町4-3-6
TEL.06-6231-9010(代)　FAX.06-6233-3111
東京支店　〒101-0051 東京都千代田区神田神保町1-2　田辺ビル
TEL.03-6811-0662(代)
http://www.sogensha.co.jp/
印刷・製本　株式会社　太洋社

 ISBN978-4-422-10120-0　C0011

私はやる

自分の中のありあまる富を発見する方法

人は何のために生きるのか。それを著者は、失敗を恐れず人生を成功に導く旅にたとえる。あなたに秘められた富を見つけ、生きる指針を示してくれる不朽の名著、待望の復刊。

B・スイートランド 著／桑名一央 訳

定価：1,350円＋税　ISBN：978-4-422-10039-5
判型：四六判　造本：並製　頁数：296頁

私はできる

決意の言葉で人生を変える方法

夢、仕事、結婚――人生のあらゆる局面を成功に導く秘訣は、すべて自分の中にある。自分の心を意のままに動かし行動に移す方法を具体的に説いた、自己実現のための座右の書。

B・スイートランド 著／桑名一央 訳

定価：1,350円＋税　ISBN：978-4-422-10040-1
判型：四六判　造本：並製　頁数：256頁